**JLA
図書館実践シリーズ** 14

情報リテラシー教育の実践

すべての図書館で利用教育を

日本図書館協会
図書館利用教育委員会 編

日本図書館協会

Information Literacy Education in Libraries
(JLA Monograph Series for Library Practitioners ; 14)

情報リテラシー教育の実践 : すべての図書館で利用教育を ／ 日本図書館協会図書館利用教育委員会編. - 東京 : 日本図書館協会, 2010. - 180p ; 19cm. - (JLA 図書館実践シリーズ ; 14). - ISBN978-4-8204-0925-0

t1. ジョウホウ リテラシー キョウイク ノ ジッセン
a1. ニホン トショカン キョウカイ
s1. 図書館利用 s2. 図書館教育 ① 015

はじめに

　日本図書館協会図書館利用教育委員会では,「図書館利用教育実践セミナー」(第 5 回までは「フライデーナイトセミナー」) 14 回,および図書館総合展におけるフォーラム 9 回の企画・運営を行ってきました。セミナーおよびフォーラムにおける講演をもとに,図書館利用教育・情報リテラシー教育の実践について図書館員が手軽に学べることを目的として刊行したのが本書です。

　図書館利用教育の実践事例を集めた書籍はこれまでほとんどありませんでした。そこで,セミナーやフォーラムの講演のうち,受講者アンケートにおいて好評であったものから数本を選び,講演者に原稿を執筆していただきました。これらをまとめたのが,本書の中心となる「実践編」(第Ⅱ部) です。

　「実践編」の前には,導入として「理論編」(第Ⅰ部) を設けました。特に第 1 章は,本書全体を俯瞰する内容となっていますので,最初にお目通しいただけると良いと思います。

　また,「実践編」の後には「資料編」(第Ⅲ部) として,関連文献のリストと,セミナーの記録を付しました。本書から次なる展開へつながる役に立てばと考えています。

　なお,講演の臨場感を出すために,編集作業にあたってはなるべく各執筆者の原稿を尊重しました。とりわけ,「利用教育」や「利用指導」といった類義語についても,あえて章をまたいで統一することもしていません。

　さて,本書では,そのサブタイトルのとおり,館種にとらわれず,むしろ違う館種の取り組みからヒントを得ていただきたいという趣

旨から，あえて各章タイトルに館種を明記していません。ぜひすべての章をお読みいただき，異なる館種の実践事例の中からも，自館で活用できる「何か」を見つけていただきたいと思います。そして，館種や地域を越えて，図書館利用教育・情報リテラシー教育の実践が広がっていくきっかけに本書がなれば，私たちとしてはこれに勝る喜びはありません。

　原稿の中には，ページ数の関係から実際の講演のときよりも大幅に縮小をお願いしたり，講演から時間が経過したテーマについては最新の情報を加味するようにお願いしたりしたものもあります。執筆者の皆さんには多大なご協力をいただきました。この場を借りて深く感謝いたします。

2010 年 2 月 14 日

　　　　　　　　　　　　　　日本図書館協会図書館利用教育委員会

目次

はじめに iii

Ⅰ部　理論編 …… 1

●1章● 本書を手に取ったみなさんへ …… 2
－指導サービスのこれまでとこれから

1.1　本書の目的　　2
1.2　本書の内容　　3
1.3　本書の使い方　　6
1.4　この本を作ったグループの活動　　6

●2章● 情報リテラシー教育をめぐる理論 …… 13
－「指導サービス」実践に向けた基盤として

2.1　情報リテラシー教育と図書館　　13
2.2　図書館における利用教育と指導サービス　　15
2.3　指導サービスの目的と内容　　16
2.4　指導サービスの方法と手順（プログラム）　　17
2.5　指導サービスの対象（利用者）　　19
2.6　指導サービスをめぐる課題と展望　　20
2.7　むすび　　21

目次

Ⅱ部　実践編 ……… 25

●3章● 図書館におけるインターネット活用講座 …… 26
― 市民への利用教育を考える

3.1　はじめに　26
3.2　公共図書館をとりまく状況とインターネットの普及　27
3.3　情報提供＋人的支援の提供へ　28
3.4　「インターネット情報へのアクセス指南」講座の実施までの経緯　29
3.5　「インターネット情報へのアクセス指南」の実際　32
3.6　おわりに　40

●4章● 図書館員に求められる三つのC …… 42
― 批判的リテラシーの育成

4.1　現代の「読み・書き・ソロバン」としての情報リテラシー　42
4.2　私たちをとりまく情報の現状　43
4.3　すべての情報にはバイアスがかかっている　47
4.4　批判的リテラシーを教える意義－図書館利用教育と批判的リテラシー　48
4.5　利用教育に「情報の評価」を取り入れる　50
4.6　図書館司書に求められる三つのCと三つの「つ」　56

●5章● 生きるための情報活用能力を育成する………61
－『図書館戦争』から身近な問いと知識をつなぐ

5.1 はじめに　61
5.2 『図書館戦争』の世界が現実になる!?　61
5.3 椙山女学園の紹介　64
5.4 「総合的な学習の時間」第1時間目　図書館メディア・オリエンテーション　65
5.5 情報リテラシー教育格差が広がる学校図書館　68
5.6 おわりに　69

●6章● 四つのステップで進める図書館利用教育……71

6.1 はじめに　71
6.2 新入生を対象にしたビデオによる図書館利用指導（ステップ1）　73
6.3 正規授業における図書館利用指導(ステップ2)　74
6.4 任意によるゼミ単位の利用指導(ステップ3・4)　75
6.5 図書館主催の利用指導セミナー(全ステップ)　85
6.6 おわりに　86

●7章● 情報検索指導における「良い例題」「悪い例題」（初級編）………88
－素材を集め, 問題を作り, 要点を説明する方法

7.1 はじめに　88

目 次

7.2　例題作成の基本　89
7.3　例題改善のための13の提案　90
7.4　良い例題と悪い例題　91
7.5　例題を活かす工夫　101
7.6　良い例題を作るコツ　102
7.7　結論－例題は聞く人の気持ちで作る　103
7.8　おわりに－今後の展望　104

●8章● 学習支援・教育支援としての指導サービス …… 109
　　　－日米における事例

8.1　大学図書館における学習・教育支援　109
8.2　学習支援－学生の学習活動の支援　110
8.3　教育支援－教員の教育活動の支援　117
8.4　今後の課題　125

●9章● 市民への情報リテラシー講座の運営について… 128
　　　－医療情報発信とリテラシーの必要性

9.1　なぜ今，医療情報が注目されるのか　128
9.2　医療情報リテラシー講座運営について－埼玉県男女共同参画推進センター(With Youさいたま)の実践　129
9.3　一般市民へ医療情報検索セミナーを行うときのポイント　136
9.4　医療情報リテラシー講座－蓄積と課題　144

Ⅲ部 資料編 ……………………………………………147

●10章● 図書館利用教育文献目録 …………………… 148
10.1 理論編　　148
10.2 実践編　　154

●11章● 図書館利用教育実践セミナーの概要 ……… 168

おわりに　176

索引　177

第  部

理論編

1章 本書を手に取ったみなさんへ
― 指導サービスのこれまでとこれから

　図書館員は不思議な人種です。物惜しみをしないというか，お人よしというのか，同業の誰かが困っていると聞くと，つい今まで蓄積してきた仕事上のノウハウを惜しみなく注ぎ込み，相談に乗ってしまいます。自分の仕事だけで十分に忙しいのに……。この本もその類の一つです。

　情報のプロフェッショナルとか，知識のナビゲーター，果ては情報のコンシェルジェなどと祭りあげられるのはいいですが，さて自分の職場で適切な利用教育を行うとなると……問題続出です。その修羅場をくぐり抜け，それぞれの場で求められる利用教育を「指導サービス」として作りあげ，確かな手ごたえを感じつつ実施している方々の記録がここにあります。ココと思うページから読んでください。ヒントが得られるかもしれません。パワーを分けてもらえることもあるでしょう。また，「自分のやってきたことは間違っていなかった」と自信を強める方もきっといるでしょう。つまり，この本の目的は，利用教育を実践し，レベルアップしたい方々への具体的アイディアの提供なのです。

1.1 本書の目的

　本書の目的は，指導サービスの

- 内容を考えるヒント
- 企画・運営のポイント
- 手段・方法を高める工夫
- ブレずに実施するための理論
- めげずに挑戦する勇気

を提供し，さまざまな館種において，より適切な指導サービスの展開につなげることにあります。

1.2 本書の内容

本書の中心は，日本図書館協会（JLA）図書館利用教育委員会が企画・運営している「図書館利用教育実践セミナー」（旧称「フライデーナイトセミナー」）における講演・発表のうち，参加者アンケートで特に好評を博した実践記録です。次のとおり，多くの現場に共通する事例と同時に，利用教育の最前線の課題や，これからの方向性を示すものが選ばれています。

- 情報リテラシー教育を考える枠組み
- 市民が求めるネット情報のアクセス指南
- 批判的読解を教えるとは
- 日常生活の中から「調べる力」をつける働きかけ
- 四つのステップによる段階的な指導
- 素材を集め，事例を選び，要点を説明する方法
- 教員への教育活動支援
- 健康・医療情報を提供するポイント

これらを通覧するといくつかの傾向が見えてきます。まず目を引くのは，一般市民を対象にした指導サービスの試みが

開始され（第3章，第9章），それらが好評を博していることです。「利用教育？　それは学校や大学図書館の仕事でしょう」ではすまない状況が見えてきます。指導手法には二つのタイプがあります。一つはオーソドックスに，図書館員が仕事で蓄積してきたノウハウを利用者に伝授するというかたちですが，もう一つは他分野の専門家の力を借りたり，地域の他機関との連携をとったりしつつ，ニーズがある限り，図書館員だけでは対応できないテーマにも取り組んでいくコラボレーションタイプです。丁寧に書き込まれた実施上の留意点は参考になるでしょう。

　もう一つの顕著な傾向は，どの館種においても「情報の比較と選択」，そして「批判的な読み」へ目が向けられ，その指導方法への工夫がなされ始めていることです。利用指導といえば情報源の紹介と検索スキルの指導のみであったのは過去のことです。しかし，批判的読みを「なぜ」「いかに」伝えるのかについてはまだ模索中です。第4章は，それに対して理論的な根拠と手法への手がかりを与えてくれます。

　教育機関（学校・大学）の利用教育はかなり定着し，そのノウハウの蓄積もあると考えられています。しかし，実情にはかなりのばらつきがあります。経験豊かな執筆者による第5章，第6章はベースとして何が必要か，やればここまでできる……などを示してくれます。授業での対応だけでなく，中学生が日常生活の中でぶつかる疑問を司書と一緒に解決するエピソード（第5章）は大事な点を指摘しています。大学において近年，目を引く動きは，図書館の利用教育を学習スキルの一つとしてカリキュラムに組み込み，初年次セミナーなどの中で教員とコラボレートして実施するかたちでしょう

（第8章）。教育機関での指導は，どれだけカリキュラムと密着し，いかに教員と連携をとるかが成功の鍵なのです。もう一つ，大学図書館での新しい動きは教員に対する教育支援でしょう。ファカルティディベロップメント（FD：大学教員の教育能力を向上させる取り組み）プログラムの一環として，教材開発や授業運営を支援するワークショップで図書館員がパスファインダー（特定のテーマに関する資料やその探し方をリーフレットなどにまとめたもの）の作成を指導する試みがなされています（同じく第8章）。

　さて，図書館員がグループ対象の指導サービスを提供するときの最大の悩みは，いかにして耳を傾けさせ，大事なポイントを理解させるか，ということかもしれません。教員の授業より数段厳しいものがあります。ほとんどの場合，それは一発勝負の世界であり，ショーやパフォーマンスと似ています。このごく初歩的で，かつ大きな課題に正面から取り組んでヒントを与えてくれるのが第7章です。

　このように多様な場で多様な展開がなされている指導サービスですが，自分の立ち位置を客観的に眺め，次にどう進むべきかを考えることは常に必要です。第2章は，そのためのパスファインダー（道しるべ）の役割をしています。すべての問題への「一律な処方箋」こそ与えられていませんが，何を考え，どこを見たら新たな道を発見できるかを示してくれるでしょう。

　第Ⅲ部には，さらに学びたい人へのガイドとして次の二つがまとめられています。各地の図書館で実践されている指導サービスの幅の広さを実感してほしいと思います。

　・図書館利用教育文献目録（第10章）

・図書館利用教育実践セミナーの概要（第 11 章）

1.3 本書の使い方

　すべてのサービスは，そのターゲットに合わせてこそ効果を発揮します。指導サービスも例外ではありません。その意味で，それぞれの場における指導サービスはオリジナル商品です。誰かがどこかでうまくいったからといって，自分の場でも有効とは限らないことは皆，先刻承知です。しかし，他者の事例が新たなステップを考える大きなヒントとなることも確かです。次のようなかたちで役立ててもらえるでしょう。
・今，行っている指導サービスのブラッシュアップに
・自館の指導サービスの変革を考え合う素材に
・地域や組織内での連携・協力を得る説得資料に
・研究会での素材として
・図書館学の教材として

1.4 この本を作ったグループの活動

　この本は，JLA 図書館利用教育委員会（CUE：Committee for User Education）によって編纂されました。CUE は 2009 年で発足 20 周年を迎えましたが，一貫して図書館利用教育の啓蒙と普及活動を続けています。果たしてきた仕事の主なものを見てみましょう。

(1) 利用教育の理論化・体系化
　『図書館利用教育ガイドライン』の総合版策定を出発点と

し，大学図書館版（1998），学校図書館版（1998），公共図書館版（1999），専門図書館版（1999）と順次，発表してきました。これらは，すべての館種において利用教育を業務として実施すべきであると宣言し，その定義，意義，目標等を明文化しています。また，実施の際の手順，内容，方法の指針を示し，各館が独自のプログラムを作成するように，その枠組みを体系化しました。総合版の第一次素案作成（1993）から『図書館利用教育ガイドライン　合冊版』（2001）刊行までにかなりのときが過ぎましたが，それは日本の図書館界において利用教育実施への合意形成にそれだけの時間が必要であったことを示しています。

(2) 図書館員の意識改革

現在では利用者の情報リテラシー獲得支援は図書館員の役割の一つであるとの共通認識が図書館界に形成されています。しかし，長い間，多くの図書館員はそれを受け入れることができませんでした。さまざまな機会を通じて，CUE は「指導サービス」が図書館にとって資料・情報の「提供サービス」と同様に重要な役割であると説得し続けました。

「教育アレルギー」とでもいうのでしょうか，「図書館員は教育や指導を行うべきではない。あくまでアシストである」と主張する方が有能なレファレンスライブラリアンの中にもたくさんいました。「利用者が必要とする情報を自分が探し出して提供することこそよいサービスだ」と信じている方も少なくありませんでした。反対に，「図書館員風情が指導するなど僭越だ」という空気が，特に高等教育機関では教員の間に広がってもいました。

スキー選手が，そのトレーニング方法のコツや留意点を指導することに反対する人はいません。有名シェフが料理の極意を伝授するのに誰はばかることはありません。しかし，図書館員がプロフェッショナルとしての誇りを持ち，自分の専門分野について人々に指導するのは当然であり，義務でもあると自覚するには時間がかかったのです。社会情勢・情報環境・教育政策等の変化が必要でもありました。今では，厳しい経済情勢の中，各地の自治体で図書館への逆風が強いのは，図書館員がこれまでに指導サービスを通じて図書館の有用性を十分に住民へ浸透させてこなかった結果ではないかとの反省もなされています。

今後は，ガイドラインで述べているごとく，図書館員養成カリキュラムの中に利用教育の項目を入れていくことで，役割認識と実施へのスキルがより確実なものとなるでしょう。

(3) すべての館種での実施を目指す

日本の図書館界で早くから利用教育を実施していたのは，情報探索ツールが整備されている医学系・薬学系の図書館でした。CUE が発足したのは，人文・社会科学系の二次資料が整備されてきた頃です。初期の活動は大学図書館中心でした。

一般市民を対象とする図書館で，最も敏感に情報リテラシー獲得支援の必要性を理解し，取り組みを開始したのは女性センターの図書室でした。「情報は力」との認識が浸透していたからでしょう。

学校図書館は，その性格上，教育との連携が必須であるため，独自に理論化・体系化を進め，実践の歴史も長いです。

専門図書館の動きの特徴は，「組織内の人々の仕事に役立

つ情報支援」という働きかけ方です。これは組織内の意思決定者や他部署の人たちに図書館の存在を認識させるよい契機となり，図書館活動への支援を得やすい環境を作り出す効果があります。専門図書館が示した，母体となる組織（自治体，大学，学校）を運営している人びとの仕事力アップを図る情報リテラシー支援という方向は，大学，学校，公共図書館にとっては新しい顧客の発見であり，参考になっています。

　近年，公共図書館で顕著な動きは，ビジネス支援，健康情報支援，インターネット検索支援などと連動して行われる指導サービスの展開です。一般市民が利用できる情報検索ツールの整備がその背景にあります。大学図書館で発達したパスファインダーが，公共図書館でも関心を集め，各地で作成され始めています。

　これらの例でわかるように，ある館種で用いられている手法が，他の館種で新しいサービス展開を導き出しています。CUEの館種を越えた横断的働きかけが，相互作用で効果を上げています。

(4) 研修の場の提供

　現場の図書館員の力量アップをはかるために，CUEは全国図書館大会の分科会や図書館総合展のフォーラム，さらには各種セミナーやワークショップを企画・運営し，学ぶ場を提供してきました。多くの図書館団体が情報リテラシー支援をテーマとする研究会を開いていますが，それらの講師としてもCUEのメンバーは活躍してきました。

　CUEが企画・運営する研修会の特徴の一つは，まず自分たちが楽しんでしまうことでしょう。そして，参加者同士が

楽しめる交流の場を提供し，新しい人脈と同時に元気を持ち帰っていただいています。仕事をつまらなくするコツが，「受け身に言いつけられたことをすること」だとすれば，常に主体的に創り出していかねば事が運ばない指導サービスの実施は，内在的に「楽しめる仕事」であるともいえます。CUEはそれを体現しています。

(5) 共通教材・ツールの開発

CUE作成の共通教材で最初のヒット商品は，ビデオ『図書館の達人』シリーズ（紀伊國屋書店，1992〜）でしょう。これは大学図書館対象でしたが，他の館種・団体の共感を得て，同様なビデオが続々と作成されました。

『図書館の達人』作成の発端はこうです。利用教育の実施を呼びかけても，現場の反応は「時間がない」「人手がない」「お金がない」の三ないコーラスでした。それならいっそ，教える内容をビデオにパッケージ化すれば，何がなくとも利用者へ届くのでは……と考えました。幸い，業者の良心的な協力が得られ，結果的にこれは図書館が業者とのコラボで仕事をするという動きの端緒ともなりました。現在では情報リテラシーの側面を強めたDVD『情報の達人』シリーズ（2007）へと進化し，より使いやすいかたちで提供されています。

各館独自の事柄を紹介するツールは自館で作成しなければなりません。しかし，共通事項の教材は，共同制作で，または上部団体が，そして専門業者が加わって作成することで，より高品質なものを安価で入手できることをCUEは実証しました。

(6) 図書館グッズの開発と普及

　図書館を身近に感じてもらい，愛される存在にするために役立つのが，図書館グッズと称される小物類です。適切なロゴを入れたしおり，ポスター，キャップ，Tシャツ，トレーナー，ペン，トートバッグなどなど。CUEはこれらを共通ツールとして普及しようと提案し，さまざまな試作品を作っては，図書館大会で展示してきました。お手本はアメリカ図書館協会（ALA）のおしゃれなグッズ類です。ALAグッズを購入し，CUE開催のイベント会場で展示・配布し，関心を高める努力もしました。この動きは今，広く関心を集め，CUEの手を離れて歩み出そうとしています。

(7) 出版物

　CUEは『利用教育委員会通信』をはじめ，数々の雑誌論文，報告書，リーフレット類を発表してきました。単行本としては次の2冊があります。

・日本図書館協会図書館利用教育委員会『図書館利用教育ガイドライン　合冊版：図書館における情報リテラシー支援サービスのために』日本図書館協会，2001.
・日本図書館協会図書館利用教育委員会編『図書館利用教育ハンドブック　大学図書館版』日本図書館協会，2003.

　ガイドラインは図書館が行うべき情報リテラシー支援サービスの全体像を示しています。常にここに立ち返り，自分たちの立ち位置を確認し，評価の指標として用いていただきたいと思います。作成当時より情報環境はかなり変化しているので，力点の置き方や手段・方法・メディアについて手直しが必要な部分はありますが，まだ十分に役立つ指針となって

います。

　ハンドブックは，ガイドラインを具体化し，実施する際の手法を懇切丁寧に教えてくれます。コピーすればそのまま使えるワークシートやチェックリストまでついています。ただし，大学図書館が対象です。ここに，本書『情報リテラシー教育の実践』刊行の意義があります。指導サービスの地平の広がりを感じていただけるでしょう。

　『利用教育委員会通信』は 2004 年以降，メールマガジンとして提供されています。バックナンバーは CUE のホームページで閲覧できます（http://www.jla.or.jp/cue/）。CUE の活動報告や新しい動きがチェックできます。

　『通信』で特に有用なのは，各号に掲載されている「図書館利用教育文献一覧」でしょう。本書で収録しきれない，各地での多様な実践や研究論文も紹介されています。本書をマスターした後のさらなるステップアップはここから始まります。いや，この本の読者が発表なさる実践記録や論文を，この文献目録に加えることを CUE は楽しみに待っています。

（丸本郁子）

2章 情報リテラシー教育をめぐる理論
—「指導サービス」実践に向けた基盤として

　本章では、図書館における情報リテラシー教育について理論的な整理を試みます。とりわけ、実践における基盤となる論点を中心に取り上げます[1]。

2.1 情報リテラシー教育と図書館

　図書館において、「情報リテラシー」という概念が用いられることが増えています。まず、この概念について、リテラシーの本来的な意味に立ち返って確認しておきましょう[2]。

　「リテラシー」とは、あるコミュニティ（一般には国・地域）において生活（機能）するために必要な読み書き能力、さらには計算なども含めた基礎学力をいいます。したがって、いかなるコミュニティを想定するかによって、求められるリテラシーは異なることになります。この理解に基づけば、「情報」の読み書き能力、つまり情報リテラシーについても、どのようなコミュニティを想定するかによって、何を意味しているのかは異なることになります。

　わが国では、高度情報化社会などと呼ばれる現在の日本を（しばしば暗黙に）想定することが少なくないと考えられます。しかし、情報リテラシーを「問題解決のために情報を主体的に活用する能力」ととらえ、教育内容（目標）として設定す

るには，さらに具体化しておかねばなりません。端的にいえば，「誰」にとっての情報リテラシーなのかを明確にしておく必要があるのです。

　例えば，「大学生」が「(学習の場としての) 大学」というコミュニティにおいて「学習」を進めるために必要な情報リテラシーは，小学校1年生が勉強するために必要な情報リテラシーや，看護師が病院で働くために必要な情報リテラシーとは同じではありません。また，一口に「大学生」といっても，大学や学部・学科などが異なれば，当然，求められる情報リテラシーも異なってきます。さらには，同じ大学生であっても，「大学 (学習)」において必要となる情報リテラシーと，「アルバイト先 (仕事)」や「サークル (趣味)」などにおいて必要となる情報リテラシーとは同一ではありません。

　さて，情報リテラシーの習得・向上を支援しようとするさまざまな営みを「情報リテラシー教育」と呼ぶことにします[3]。このとき，教育内容 (目標) となる情報リテラシーには，当然ながら，「図書館」に (少なくとも直接には) 関係しない領域が含まれることになります。例えば，情報を入手するには，図書館を使わなくとも，テレビを見たり，新聞や雑誌を読んだり，「ケータイ」やパソコンを使ってインターネットで調べたり，詳しい人に尋ねたり，と実にさまざまな方法があります。また，情報は「入手」するだけではありません。入手した情報を整理し，加工して，口頭や文書などで他人に伝えたりすることもあります。すなわち，情報リテラシーとは，「図書館」に限らず，広く「情報」にかかわる能力であり，また，情報の「探索・収集」だけでなく，「整理・分析」や「表現・発信」をめぐる知識・技能などが含まれるのです。

こうした，いわば当然の事柄について確認しておくことは，図書館にとって重要です。なぜならば，情報リテラシー教育は，図書館「以外」によっても実施されるものですから，図書館「以外」を含めたさまざまな機会を通して展開される情報リテラシー教育の中で，図書館（図書館における情報リテラシー教育）がいかなる部分を担っているのか，担うべきなのか，担うことができるのか，という点が問われることを意味するからです。

2.2 図書館における利用教育と指導サービス

　図書館は，以前から，オリエンテーションや講習会など，「利用教育」(library use education) と呼ばれる取り組みを実施してきました[4]。（狭い意味，古い意味での）利用教育は，「図書館利用者に対して図書館の効果的・効率的な使い方を伝える」という，いわば図書館の内部的な事情に基づいています。これに対して，情報リテラシー教育（という枠組みの中で実施される利用教育）は，「利用者に対して情報リテラシーの習得・向上を支援する」というコミュニティとしての取り組み，つまり図書館にとっては外部的な要請に対応するものとなります。ここでいう「コミュニティとしての取り組み」とは，例えば，大学であれば大学全体による情報リテラシー教育（図書館による利用教育にとどまらず，いわゆる情報リテラシー科目の授業などを含む）であり，企業であれば企業全体による情報リテラシー教育（研修や自学自習，OJTなどを含む）であることになります。

　デジタル化・ネットワーク化の進展・普及などに伴って，

図書館における利用教育の内容（目標）は「拡大」されてきました。例えば，ウェブ上で利用する各種データベースの利用法は多くの図書館で指導されています。いわゆるプレゼンテーションの技法を指導している図書館もあります。これらは，必ずしも「図書館」に（直接に）関係するとは限らない領域です。この意味では，利用教育は，実質的に情報リテラシー教育を志向しながら展開してきたともいえるでしょう。

しかし，（狭い意味，古い意味での）利用教育が，いわば「逐次的」「個別的」「単発的」に実施されてきたものだとするならば，今後は「計画的」「体系的」「組織的」に実施していけるようにサービスとして確立していくことが求められます。そこで，情報リテラシー教育という枠組みの中で実施される利用教育（広い意味，新しい意味での利用教育）を「指導サービス」（instruction service）と呼ぶことにしたいと思います。「新しい言葉」を用いることによって図書館の内外に対して図書館の役割（存在意義）をアピールでき，「サービス」という表現によって利用者志向の傾向が強まることなども期待できます。もっとも，個々の図書館においては，（経営戦略として）適宜，適切な言葉が用いられるのがよいでしょう。

以下，指導サービスの実践における主な考慮点を検討していきます。いわゆる「6W1H」に沿って整理してみます。

2.3 指導サービスの目的と内容

まず，指導サービスの目的を確認（または確立）しておく必要があります[5)]。いわば「Why」の視点です。図書館の使命に立ち返って，図書館が情報リテラシー教育にかかわる意

義（必要性・有効性）を明確にします。（以降の視点でも同様ですが）「図書館ならでは」「図書館だからこそ」の部分を意識したいところです。

目的に基づいて，目標（内容）が設定されます。「What」の視点です。すでに触れたとおり，コミュニティ（マーケティングの用語でいう利用者のセグメントととらえてもよいでしょう）が異なれば，求められる情報リテラシーの「中身」も異なります。したがって，教育目標（内容）は，コミュニティごとに設定しなければならないことになります。コミュニティごとに少しずつ異なる情報リテラシーが存在するのです。

もちろん，コミュニティによらず，共通する部分も少なくありません。指導サービス（情報リテラシー教育）の基準などを「拠りどころ」あるいは「たたき台」として活用することができます（もちろん「What」以外の視点でも活用できます）。例えば，アメリカの大学・研究図書館協会（ACRL）による「高等教育のための情報リテラシー能力基準」などはよく知られていますが[6]，わが国でも日本図書館協会（JLA）からガイドラインなどが出されています[7]。

2.4 指導サービスの方法と手順（プログラム）

「How」の視点，つまり方法をめぐっては，直接的方法だけでなく，間接的方法も有効・有用であることを強調しておきたいと思います。主に集団を対象とした対面（集合）による講習会などに限らず，主に個人を対象としたツール（紙やウェブなどのメディア）の活用などによる遠隔的・非同期的な方法も選択肢となります。ウェブを使ったチュートリアル（個

別指導，ここでは指示に従って個人で学べる教材）やパスファインダーなどが注目されていますが[8]，パンフレットやマニュアルなども活用できます。講習会テキストなどの教材も役立ちます[9]。市販のものも利用できます[10]。

　直接的方法においても，メディア（教材・教具）の効果的な活用が求められます。また，講習会などにおける集団だけでなく，レファレンスサービスなどにおける個人への指導も貴重な機会です。このように，指導サービスとは，従来からの取り組みを情報リテラシー教育という枠組み（図書館が担う部分）で再構築・体系化していく試みであるともいえるでしょう。

　情報リテラシー教育は，コミュニティ全体で段階的・体系的に実施される（べき）ものです。図書館も，適切な機会をとらえて指導サービスを展開することになります。いわば「Who」「Where」「When」の視点であり，「What」をどう組み立てるか（どのような順序で，どの場面で，何を指導するか）を考えることになります。例えば，学校であれば入学から卒業までの，企業であれば入社からキャリアアップに沿ったプログラム（カリキュラム）作りが必要となります。ここでは，いわゆる「らせん型」の指導（同じ内容を少しずつ高度にしながら繰り返し指導していく）の重要性を指摘しておきます。

　なお，情報リテラシー教育は，図書館単独で成立するものではありません。学校（特に大学）でいえば，図書館と授業との関連については，①図書館独自の指導（授業との直接的関連なし），②学科関連指導（course-related），③学科統合指導（course-integrated），④独立科目（course），という類型化が可能です（④には図書館員が講師を務める場合を含む）。公共図書館

や専門図書館においては,「授業」を「図書館以外の機関・部署など」に読み替えれば,同じ類型化が可能でしょう。条件・内容(目標)などによって,適切な形態を選択します。

2.5 指導サービスの対象(利用者)

　以上の前提となるのが,「(To) Whom」の視点です。利用者(学習者)を理解することは,効果的・効率的な指導の必須条件です。さまざまな手法・角度で調査・分析を進めたいところです。例えば,大学であれば,学部・学科のカリキュラム(授業内容)を把握しておくことが必要となるでしょう。企業であれば,業務内容などの確認が求められるでしょう。

　一方で,現代の情報環境における利用者の情報探索・利用について,行動・思考・心理の特性を把握しておくことも大切です。例えば,「世代」も一つの切り口でしょう。「平成生まれ」は,子どものときからインターネットや「ケータイ」が周囲にあった世代であり,OPAC より Google のほうが身近な存在であると考えられます[11]。

　また,現時点までにどのような情報リテラシーを身につけているか,という点も押さえておきたいところです。例えば,小・中学校や高校では,「生きる力(問題解決能力)」としての情報活用能力(ここでは情報リテラシーと同義にとらえておきます)の育成,すなわち情報教育が行われています[12]。高校に教科「情報」が新設されたことは話題となりました。また,大学では,いわゆる情報リテラシー科目がほぼ必修化されています。

　もちろん,タテのつながりだけでなく,ヨコのつながりも

把握しておく必要があります。大学であれば，いわゆる情報リテラシー科目以外にも，関連する内容を含む科目が開講されていることがあります。また，授業以外の学内における学習機会，例えばコンピュータセンターによる講習会など，さらには学外における学習機会，例えば市販の図書・雑誌などによる自学自習やテレビなどを通した学習などにも目を向けておきます。

2.6 指導サービスをめぐる課題と展望

以上，主な考慮点について概観してきましたが，いわゆるPDCAサイクル（計画・実行・評価・改善）に基づくマネジメントが指導サービスにおいても求められます[13]。近年，注目されるようになったインストラクショナルデザイン（教育・学習を理論的・体系的に設計すること，およびその方法論）など，教育学（教育実践）の知見を援用した方法論も押さえておきたいところです。

最後に，紙幅の許す範囲で実践上の課題を挙げておきます。ヒトをめぐる問題としてまとめておきます。

まず，コミュニティにおけるヒトのつながり，例えば図書館内（図書館員相互）における理解をどう進めるか，他部署・他機関（学校・大学図書館でいえば教員など）との連携・協力をどう進めるかという問題は，いずれの図書館でも直面するものでしょう。理解者を増やす種々の働きかけなどを積み重ねながら制度的な確立をめざします。

図書館にヒトが足りないのが問題である，という声も聞かれます。利用者によるサポートや図書館内外の予算獲得など

も一法でしょう。既存のツールを活用する方法も効率・効果があることも、ここで再度、提示しておきます。

　ヒトをどう育てるかも大きな問題となります。指導サービスの企画・運営にあたっていかなる能力が要求され、いかに習得・向上していくかを考えていかねばなりません。大学図書館であれば、例えば、国立情報学研究所（NII）が学術情報リテラシー教育担当者研修を実施しています[14]。こうした機会を拡充していきたいものです。図書館員養成の段階における能力の育成も期待されます。

　講習会にヒトが集まらない、などの問題も生じるでしょう。マーケティング（PR）の考え方も踏まえ、広報やニーズ調査などを展開したいところです[15]。企画・運営の評価（教育成果の評価も含む）も重要です。

　図書館（ひいてはコミュニティ）ごとに事情が異なりますので、以上のような課題に一律の処方箋を示すことは容易ではありません。ここでは、事例（成功事例とは限らない）からヒントが得られること、したがって事例（ノウハウやツールなどを含む）を「共有」できる仕組みづくりが有用・有効であることを指摘しておきます[16]。

2.7 むすび

　図書館にとって、コミュニティにおける「アイデンティティ」を説明・主張できることは必要かつ重要です。その際、「情報リテラシー教育」は中核的な理念となると考えられます。基盤となる理論を強固にしていく重要性を強調して[17]、本章のむすびとしたいと思います。

注・引用文献

1) 本稿は次の文献に加筆・修正を行ったものである。野末俊比古「情報リテラシー教育と大学図書館：『利用教育』から『指導サービス』へ」『図書館雑誌』Vol.102, No.11, 2008.11, p.762-765.
2) 次の文献なども参照。野末俊比古「第5章　情報リテラシー」田村俊作編『情報探索と情報利用』勁草書房，2001, p.229-278；野末俊比古「第4章　大学図書館と情報リテラシー教育」逸村裕，竹内比呂也編『変わりゆく大学図書館』勁草書房，2005, p.43-57.
3) 情報リテラシーは現在、「教えることができる」ものとして，ある種の「スキル」であるととらえられている。前掲2)
4) 「利用教育」は「図書館利用教育」「利用者教育」「利用指導」などともいう。館種などによって，用いられる用語や，その意味するところには違いもあるが，本稿ではそれらを包括する用語として「利用教育」を用いている。野末俊比古「Ⅱ-D　利用教育」『図書館ハンドブック』第6版補訂版, 日本図書館協会, 2010, p.92-97.
5) 次のガイドラインでは，利用教育の目的は「自立した情報利用者の育成」であるとされている。日本図書館協会図書館利用教育委員会『図書館利用教育ガイドライン　大学図書館版』日本図書館協会，1998．なお，本稿では，図書館リテラシー（図書館を活用する能力）を情報リテラシーの（重要な）一部であるととらえている。図書館リテラシーとは何か，情報リテラシーとどんな関係にあるか，といった点は，改めて検討すべき課題である。
6) Association of College and Research Libraries「高等教育のための情報リテラシー能力基準」野末俊比古訳, 2000 [http://www.ala.org/ala/mgrps/divs/acrl/standards/InfoLiteracy-Japanse.pdf]. 関連する文案なども紹介されている。次も参照。三浦逸雄ほか『大学改革と大学図書館の学習・教育支援機能：日米実態調査の結果と分析』東京大学大学院教育学研究科図書館情報学研究室，2005.
7) 前掲5)；日本図書館協会図書館利用教育委員会編『図書館利用教育ハンドブック　大学図書館版』日本図書館協会，2003.
8) これらは，大学図書館を中心に広がりを見せている。ウェブチュートリアルとしては，東京大学情報基盤センターの「ネットで

アカデミック on Web」(http://literacy.dl.itc. u-tokyo.ac.jp/wack/) や，慶應義塾大学日吉メディアセンターの「KITIE」(http://project.lib.keio.ac.jp/kitie/) と「PATH」(http://project.lib.keio.ac.jp/PATH/) などがよく知られている。また，パスファインダーを収集・公開している試みとして，例えば次がある。私立大学図書館協会企画広報研究分科会「Pathfinder Bank：情報収集への道しるべ」[http://www.jaspul.org/e-kenkyu/kikaku/pfb/]
9) 特に公開・共有化を図る実践に注目したい。例えば次のものなど。東北大学附属図書館『東北大学生のための情報探索の基礎知識 2008』[http://www.library.tohoku.ac.jp/mylibrary/tutorial/]
10) 例えば，次の教材は，ビデオ・スライド（DVD）とテキスト（冊子）がパッケージされている。主に大学生向けである。仁上幸治，野末俊比古監修『情報の達人』第 1 ～ 3 巻，紀伊國屋書店，2007.
11) これを批判的にとらえずに，情報探索には多様な方法があり，それらが可能な環境が整備されたと理解するほうが適切であろう。情報探索については，次の文献なども参照。三輪眞木子『情報検索のスキル：未知の問題をどう解くか』（中公新書）中央公論新社，2003.
12) 野末俊比古「特論 1　情報社会と学校：情報活用能力の育成を中心に」鈴木眞理，佐々木英和編『社会教育と学校』（シリーズ生涯学習社会における社会教育　第 2 巻）学文社，2003，p.197-209.
13) 具体的手順・手法などについては，前掲 7) などを参照。
14) [http://www.nii.ac.jp/hrd/ja/literacy/]
15) ニーズ調査においては，文字どおり「必要性（needs）」を重視したい（潜在的なものを含む）。狭い意味でのニーズ，すなわち「要求（demands）」だけに留まらないようにしたい。野末俊比古「図書館と情報リテラシー：指導サービスの構築と展開」『図書館の学校』No.30, 2002, p.7-19.
16) 前掲 8), 9) のように，ウェブのほか，メーリングリスト，図書・雑誌，研修・集会なども利用し，多面的に進めたい。
17) 理論を志向した研究の例を挙げておく。大城善盛「大学図書館

界を中心とした情報リテラシー論：アメリカ，オーストラリア，イギリスにおける議論を中心に」『大学図書館研究』No.82, 2008, p.23-32；瀬戸口誠「情報リテラシー教育における関係論的アプローチの意義と限界：Christine S. Bruce の理論を中心に」『Library and Information Science』No.56, 2006, p.1-21；慈道佐代子「情報リテラシー教育の理論的枠組みと大学図書館における実践についての考察」『大学図書館研究』No.75, 2005, p.44-53.

（URL 最終確認：2008.10.24）

（野末俊比古）

第 II 部

実践編

3章 図書館における インターネット活用講座
—市民への利用教育を考える

3.1 はじめに

　公共図書館における利用教育は，実際にはすでに行われてきています。ただ，「利用教育」という言葉を意識して行ってきたかというと，そうともいえません。むしろ，「利用案内」というかたちで行われてきたといえるでしょう。「教育」という言葉が「上から指導する」というイメージを与え，それへの反発から，言葉としての「利用教育」は使ってこなかった図書館が多いように思います。

　例えば，直接的な利用教育としては，子どもたちを対象とした利用指導や一日図書館員，あるいは小学1年生を対象とした出前利用案内なども行っています。大人に対しては，図書館ツアーやOPAC活用講座，あるいはレファレンスブックを紹介しながら行う調べ方講座などがあります。

　また，間接的な利用教育としては，図書館の使い方をわかりやすく書いたパンフレットの配布やビデオの作成などがあります。最近ではホームページを使って図書館の利用方法を説明している図書館も増えています。

　このように利用教育が行われていながらも，公共図書館では副次的なサービスとしてとらえられている感は否めません。しかし，今後の公共図書館サービスを考えた場合，利用

教育が図書館サービスの大きな領域を占めるのではないか，あるいは図書館の専門的職員である司書が行う業務の多くがこの利用教育になるのではないか，と考えています。

その先駆けとして公共図書館で「インターネット情報へのアクセス指南」という講座を実施した経験があります。15台のパソコンを用意し，市民の参加者を募集し，職員がインターネット上の有効サイトを紹介するという講座です。

ここでは，この講座の運営，内容，そして受講状況を説明し，インターネット活用講座から見えてくる公共図書館における利用教育について紹介します。

3.2 公共図書館をとりまく状況とインターネットの普及

近年，公共図書館をとりまく状況は大きく変化してきています。1960年代から1980年代前半までは，子どもたちの利用が大人の利用を上回っていました。しかし現在では，少子高齢化が進む中で図書館は子育て支援の情報交換の場になり，また高齢者の生きがいを見つける場ともなり，多種多様な情報要求が図書館に寄せられています。

IT化の進展が図書館に及ぼす影響も無視することはできません。特にインターネットの急速な普及によって，図書館における情報提供の仕組みも大きく変わろうとしています。

多くの情報が氾濫し，インターネットによってさまざまな情報を入手できる現在，情報内容が正しいかどうかの判断が必要な場合や，より詳細な情報がほしい場合など，情報の専門家である司書が一般市民をサポートするニーズはますます大きくなってきています。

情報の入手が容易になる反面，情報に対する評価の手法や情報探索の方法などの知識や技術がないと，思わぬ落とし穴にはまる可能性があります。そのためにも，公共図書館でもこの問題に対する市民の注意を喚起する講座が必要となってきます。

3.3 情報提供＋人的支援の提供へ

1960年代から，公共図書館の基本的な機能は「資料提供」であるといわれてきました。この言い方は1990年代後半からは，「情報提供」という言葉に変わっていきます。これは，デジタル情報が活用できるようになり，「資料＝印刷媒体」というイメージからの脱却を意識したものです。

今後はどうなるのでしょうか。印刷資料のデジタル化が進み，自宅に居ながらにして情報を入手できるようになる中で，図書館の機能は「情報提供」という言葉だけですむものなのでしょうか。

基本的な機能である「情報提供」は変わらないとしても，情報が氾濫すればするほど，自分にとって的確な情報とは何なのかを判断する知識や技術が必要になります。そのためには，情報の信頼性を見極める情報リテラシー能力を身につけなければなりません。この知識や技術を身につける場が図書館になるのではないでしょうか。図書館は，印刷資料とデジタル情報の両方を見ることができ，情報に対する探索方法や評価手法について教えてくれる司書がいる機関です。図書館の基本的な機能は，

　　資料提供→情報提供→人的支援の提供

という流れになるのではないかと考えています。

　人的支援の提供とは，まさに情報リテラシーへの支援であり，利用教育です。今後，公共図書館の中心的サービスとなり，司書が行う最も重要な仕事になると考えます。

3.4 「インターネット情報へのアクセス指南」講座の実施までの経緯

　東京・立川市図書館では，1998年からインターネット上の情報をレファレンスサービスで活用してきました。インターネットを活用できる開放パソコンを導入し，利用者に使ってもらうことから始める図書館が多い中,立川市図書館では，まずレファレンスサービスのツールとしてインターネット情報を活用し，あわせてその有効性の評価を行っていました。当時，一般的にいわれていたことや経験上，知り得たことをもとに，インターネットの有効性と課題をまとめてみました(表1)。

表1　インターネットの有効性と課題

(1)　一般的なインターネットの有効性 　①インターネットという完結した情報通信インフラを利用することができるため，行政が改めてインフラ整備をする必要がなく，利用費用についても安価ですむ。 　②コンテンツを自分で作成・更新できるため，タイムリーで，新鮮な情報提供が可能である。 　③サーチエンジンの活用によって利用方法が標準化しており，誰でも気軽に使える。

④双方向性をもったネットワークであり,さまざまなコミュニケーションが可能である。
(2)　公共図書館におけるインターネット活用の有効性
　①インターネット上の情報の自由公開(開放パソコンの設置)。情報弱者の支援が可能となる。
　②図書館情報(所蔵情報・地域情報等)の発信。在宅での所蔵検索や地域情報の取得が容易になる。
　③双方向性を使って,リクエストサービスやレファレンスサービスへの対応をインターネットを使って行う。また,図書館間の相互貸借に活用する。
　④レファレンスツールとしてのインターネット上の情報を活用する。
(3)　レファレンスサービスにおけるインターネットの有効性と課題
　①たいへん有効な「ツール」である。
　・インターネット上の情報は,さまざまなレファレンス回答のための手がかりになり,図書館員の使い方によっては,たいへん有効な情報源となった。
　・各図書館での蔵書目録の公開によって,二次情報源の有効活用ができるようになった。
　・官公庁の情報公開にインターネットが使われるようになり,いままではなかなか入手できなかった官公庁の情報が,簡単に入手できるようになった。
　・タイムリーな情報の入手が可能となった。
　②玉石混淆の情報群である。
　・インターネット上の情報は,まさに玉石混淆の情報群であり,使える情報もあるが,信憑性に欠ける情報も多く,注意が必要である。これへの対応として,情報源のドメイン確認や活字情報での裏づけ(ハイブリット活用),そして利用者には,情報の信憑性に対する告知なども必要であることがわかった。

③情報量が多いためゴミ（ノイズ）情報も多い。
　インターネット上には膨大な情報が流れており，検索結果には，不必要な情報が多く含まれてしまう。そのため，検索の工夫（テクニック）が必要である。
④インターネットへの過信と安易な活用も多い。
　インターネットを使えば何でもわかるというような過信と安易な活用も見られた。インターネット上の情報の特徴や活用するときの注意点，あるいは情報活用の倫理や著作権の問題なども含めた利用教育が必要であり，その利用教育は図書館員が行うことが効果的である。
⑤自宅で使いこなせずに図書館に来る人もいる。
　自宅でインターネットを使える環境にありながら，それをうまく活用できず，図書館員に尋ねてくる利用者もいる。ここでも利用教育の必要性を感じ，かつその利用教育を組織的に行う機関があるべきだと感じた。
(4) 公共図書館における利用教育への取り組み
①印刷資料とインターネット上の情報を同時に見られるハイブリットな活用ができる公共図書館のメリットや特色を多くの人に知ってもらうには，利用教育へのさまざまな取り組みが必要である。
②インターネットは，活用するうえで信頼性や再現性などの面で多くの問題があり，十分な注意が必要であることを喚起する講座が公共図書館でも必要である。

　ところで，インターネットの情報に対する信頼性については，次のようなことがありました。「インターネット上の情報には信頼性に足る情報が少ない」という私の主張に対して，「インターネット上の情報に信頼性がないというが，本の情報が絶対に間違っていないとはいえないだろう」という反論

を受けることがあったのです。

　確かにそのとおりなのですが，この質問に対しては次のように答えたことがあります。

　　本の情報とインターネット上の情報で大きく違う点が一つある。それは「その情報に対して誰が責任をとるのか」という点である。図書館が蓄積している資料（主に「本」といわれる媒体）は，その本を書いた人，編集した人や団体がはっきりしており，「この本に書かれていることは，自分が責任をとる」という明示がある，すなわち「著者名」や「編者名」などの「責任表示」がきちっと表示されている。この情報に対する責任の明確化が信頼性に足るということである。しかし，インターネット上の情報については，誰が発信しているのかがわからない情報もあり，その情報に対する責任の所在が不明確なサイトが多い。したがって注意が必要なのである。

　以上のように，レファレンスサービスにインターネット上の情報源を活用していく中で，あるいは市民とのやりとりを通して，インターネットの注意点や効率的な情報探索法を伝える講座の必要性を感じるようになりました。

3.5 「インターネット情報へのアクセス指南」の実際

　この講座は，図書館の会議室に15台のパソコンを用意し，実際にパソコンを使いながらインターネット情報源にアクセスし，有効なサイトを理解・活用してもらう講座です。よく

あるパソコンの使い方を教える「パソコン講座」ではありません。したがって、受講条件を「パソコンで日本語入力ができる人」としています。図書館業務の中でさまざまなサイトを評価し、有効なサイトを把握してきた実績から、それらを紹介し、活用方法を伝授する講座なのです。

(1) 実施目的

この講座の実施にあたっては、インターネット情報の利用が増える中、その有効性を理解してもらうと同時に、安易な活用への警鐘と情報を活用するときの姿勢を伝え、印刷資料とインターネット情報が共存する図書館の役割を理解してもらうことを目的としました。

(2) 実施概要

講座は次のようなかたちで実施しました。
①実施日：平日と土曜の午後2時から4時まで
②実施回数：年度の後半、10月から毎月1回（年6回）
③定員：12名〜15名（パソコンの台数に左右される）
④講習会場：図書館の会議室（無線LAN対応、PC16台、プロジェクター）
⑤講義時間：2時間（間に5分から10分の休憩を入れる）
⑥講師：調査資料係の職員3名が交代で担当
⑦講習レベル：初級講座（5回／年）および中級講座（1回／年）を実施
⑧受講資格：初級講座はパソコンで日本語入力ができる人、中級講座は日常的にインターネットを使っている人
⑨PR：市の広報および図書館内ポスター掲示、チラシ配布

⑩勤務対応：土曜日の講師は時間外勤務対応

(3) 講座内容（2006年実施例）

講座で取り上げた事柄を表2に示しておきます（斜体文字の部分は中級講座で説明する内容です）。

表2 「インターネット情報へのアクセス指南」プログラム

(1) 講師の自己紹介
(2) インターネットの有効性と問題点の指摘及び図書館の存在意義の確認
 ア 信頼性と再現性の問題について
 イ インターネット情報と印刷（本）情報が共存する公共図書館の有効性について
(3) ドメインの説明 *(中級講座はより詳細に)*
 ※ go.jp, ac.jp, ed.jp, lg.jp などのドメインの意味を説明し，情報を発信している団体の概要を知ることによって，情報に対する信頼性を確保する一つの方法を知ってもらう。特に信頼性の高い go.jp（官公庁情報）の活用を覚えてもらう。
(4) サーチエンジンの賢い使い方
 ア Google の基本検索
 イ Google の検索オプション等を活用した実習
  ・キャッシュの活用と注意点（検索キーのハイライトの便利さなどを伝える）
  ・フレーズ検索，マイナス検索，日本語のページ検索（絞り込み検索の方法を身に付けてもらう）
  ・写真（イメージ）・地図の検索（活字以外の情報も使えることを伝える）
  ・*言葉のゆらぎなどの調整（例：ベネチア＝ヴェネチア＝ヴェネツィア【＋ヴェネチア】)*

(5) 息抜きタイム－旅行に行ってみましょう‼
　ア　路線情報を使って諏訪湖へ
　イ　ハイウェイナビゲータを使って諏訪湖へ
　ウ　駅から時刻表の紹介（例：立川から町田の叔母のところへ，八王子で妹と待ち合わせ，その時刻は？）
(6) 本を調べるには？
　ア　各種図書館の蔵書検索（横断検索を含む）
　　・立川市図書館の蔵書検索
　　・国立国会図書館の蔵書検索と雑誌記事検索
　　・東京都立図書館の蔵書検索と横断検索
　　・大学の蔵書検索（*NACSIS Webcat*）
　イ　新刊情報検索（表紙や内容の記述を紹介）
　　・地元大型書店のホームページ検索
　　・bk1，amazon.co.jp
　ウ　古書検索
　　・日本の古本屋（図書館であった事例を紹介）
　エ　*楽譜検索*
　　・*楽譜ネット*
(7) 官公庁の情報源の活用
　ア　インターネット版官報
　イ　電子政府の総合窓口
　ウ　総務省統計局
　エ　ウォッちず地図閲覧サービス（国土地理院）
　オ　法令データ提供システム
　カ　国会会議録検索システム
　キ　*裁判例情報（裁判所）*
　※官公庁情報源では法律情報と統計情報を中心に講義を行い，息抜きとして国土地理院の「地図閲覧サービス（ウォッちず）」で自分の家の地形図を出し，経緯度も知ってもらう。
(8) 新聞情報源の活用

3章　図書館におけるインターネット活用講座………35

ア　毎日フォトバンク
　　イ　聞蔵Ⅱ【朝日新聞　外部有料 DB】（図書館内で検索可能）（最新記事紹介）
　　ウ　日経テレコン 21【外部有料 DB】（図書館内で検索可能）（最新記事紹介）
　　エ　ヨミダス文書館【読売新聞　外部有料 DB】（図書館内で検索可能）（最新記事紹介）
(9)　翻訳情報源の紹介
　　ア　Excite 翻訳（日⇔英・中・韓）
　　イ　*WorldLingo*（日・英・仏・独・伊・韓・中など 12 言語の相互翻訳）
(10) 有効サイト情報の紹介（調べごとに役立つサイトの紹介）
　　ア　NDL（国立国会図書館）データベース・ナビゲーション・システム
　　イ　実践女子大学附属図書館（日野市）
　　ウ　*ARIADNE*
　　エ　データベース集成
(11) お気に入りへの追加方法
(12) おわりに
　　ア　情報の信頼性の確保
　　イ　図書館の存在意義と図書館活用の勧め

(4)　講座を実施するうえで心がけたことと注意すること
①受講条件を設定しておくこと

　この講座はパソコン活用講座ではないため，受講生を募集するときには，次のとおり必ず受講条件を明示しました。
　　・初級講座：パソコンで日本語入力ができる方
　　・中級講座：日常的にインターネットを活用している方

②講習内容のレベルを伝えておくこと

　参加者のレベルは，まちまちです。日本語入力ができることという条件を付けても，そのレベルには大きな開きが出ます。講習の最初に「この講習会は，初級講習会で，インターネット活用の初心者を対象として話を進めます。インターネットを日常的に使っている人には物足りないかもしれませんが，おさらいだと思って聞いてほしいと思います」と伝え，初心者を安心させることも必要です。

③アシスタントを必ずつけること

　パソコンについては，さまざまなトラブルが想定されます。突然，動かなくなったり，入力方法がわからなくなったりして，パニックに陥る受講生も出てきます。高齢者の場合には特に顕著で，画面がなかなか変換しない場合に，待ち切れずにEnterキーを何回も押してしまったりします。こうしたパニックに対応するために，アシスタントを必ず配置し，問題が起きたときにはいつでも手を挙げてもらい，アシスタントが対応するようにしておきます。

④各サイトの事前チェックを必ず行うこと

　インターネット上の情報は，以前に使えたからといって，今日も使えるとは限りません。なくなっているサイトや内容が変わっているサイトも多いのです。講習の前には必ず活用するサイトにアクセスし，確認しておく必要があります。

⑤「ホーム」を設定しておくこと

　初心者の場合，インターネットを使っているうちに，自分

がどこのサイトを利用しているのかがわからなくなってしまう場合があります。初期値(当講習の場合にはGoogleの初期画面)に必ず戻れるようにバーの「ホーム」にGoogleの初期画面を設定しておき，何かわからない画面にいってしまった場合には，「ホーム」をクリックすればGoogleの初期画面に戻れることを受講生に伝えておきます。

⑥受講生のレベルを把握すること

ローマ字入力を行う人が多いですが，かな入力の人もいます。講習の最初に漢字やカタカナなどさまざまな文字を実際に入力してもらい，それぞれの受講生のレベルを把握することも必要です。

⑦アンケート調査を行うこと

講習会の終了時には必ずアンケート調査を行います。講習会の感想，改善点，今後行ってほしい講習内容，講師への一言など，受講生の生の声を聞き，次の講習会に役立てるためです。アンケートの結果は，予算獲得や利用教育の実践の成果を主張するとき，また，図書館サービスの評価にも使えます。

⑧図書館の活用PRを必ず行うこと

講習会の終了時には，必ず図書館のPRを行います。講師が図書館にいて，さまざまな問い合わせに応えていること，インターネット上の情報の使い方についてもいつでも相談に乗ること，そして本の情報とインターネットの情報がいっぺんに見られる公共機関は図書館しかないことを強調し，利用を促します。

⑨事例を多く取り入れた講習を心がけること

講習の中では，ただ単に各サイトの情報や使い方を伝えるのではなく，そのサイトが実際にどのように使えたのか，その実例を入れながら話をしていきます。ただし，プライバシーには配慮し，個人が特定できるような事例は当然，避けなければなりません。

(5) 受講状況と今後の課題
①実施する曜日・時間帯への配慮

今回の講習会は，平日（木曜日）午後2時からと土曜日の午後2時から行っています。受講者は，平日午後2時からの場合は高齢者が多く，受講意欲も高く，ほぼ満員の状況です。土曜日は20代から30代の若年層が含まれるようになってきました。より広い層の受講者を集めるためには，夜の開催なども必要でしょう。

②受講生各自のレベルと講習内容の問題

受講生のインターネット活用レベルの問題は，当初から予測していました。インターネット活用の初心者もいれば，ある程度使いこなしている人もいます。講習内容として初級講習と中級講習を用意し，各受講生のレベルに合わせる工夫は行いました。

しかし，受講条件を付けていても受講生のレベルはまちまちとなります。したがって，初級講座は，初心者を対象としたものとして，丁寧にゆっくりと説明していくことにしました。一部の受講生には物足りなさを感じさせてしまった点が今後の課題です。

中級講座は講師が設定したとおりの速さで講習を行いました。もしも講師の説明についてこられない人がいても，アシスタントが個々に対応し，ついてきてもらうようにしました。

③講習会の評価

　受講生の声として，「知らなかったインターネットの検索方法がわかった」「有効なサイトを知ることができた」「自宅にパソコンはあるが，それの使い方がわかった」「図書館でインターネットを使えることがわかった」などが寄せられました。講習会の評価は，おおむね良好であったといえるでしょう。

　ただ，中には「内容が簡単すぎる」という声もあり，受講生のインターネット活用レベルの問題と講習内容の兼ね合いについて考えさせられるものがありました。また，高齢者の中には何度も受講する人がいて，インターネットの活用方法を覚えたいという熱意を感じることもありました。図書館側に工夫の余地が残っているといえるでしょう。

3.6　おわりに

　「インターネット情報へのアクセス指南」という公共図書館で行った利用教育を題材に，その実施過程を説明してきました。利用教育も，このような講座を実践していく中で培われていくものであると思います。

　ここで紹介した講座の実践例を参考にして，IT技術の進歩に対応した市民の情報ニーズや情報アクセス格差に配慮した情報リテラシーのプログラム開発が必要だと考えていま

す。司書の専門性にはさまざまなものがありますが，IT化が進む今だからこそ，市民の情報活用や情報の評価方法をサポートすることの専門性が必要になってきているのです。市民の役に立つ情報リテラシー講座を実践してもらいたいと思っています。

　図書館員を育てているのは利用者であるといつも思っています。日々の利用者とのコミュニケーションが司書の知識・技術を高め，経験を積むことがよりよいサービスに結びついていることを実感しています。公共図書館のサービスが質的に進化していくために，利用者とともに実践する利用教育への取り組みは不可欠であると考えています。

（齊藤誠一）

4章 図書館員に求められる三つのC
―批判的リテラシーの育成

4.1 現代の「読み・書き・ソロバン」としての情報リテラシー

　情報を批判的に読み解き，評価する力は現代社会を生きる者にとって必須の能力といえるでしょう。かつては生きていくための最低限の能力として「読み・書き・ソロバン」が挙げられていましたが，批判的読解を含む情報リテラシーもまた，今日的な意味での生きていくための最低限の能力ということができます。ただし，「読み・書き・ソロバン」の「読み」が教科書やマニュアルを読むこと，「書き」が書類や帳簿を書くことを指していたのに対し，情報リテラシーとしての「読み」とは，情報を批判的に読み解くことであり，「書き」とは自分の考えや意見を表現できることを指しています。

　それでは，現代人に必須と考えられる批判的リテラシーの育成に図書館はどうかかわるべきなのでしょうか。ここでは，メディアの状況を簡単に分析して批判的リテラシーの必要性について検討した後，図書館利用教育の中に，そのように批判的リテラシー育成を組み込んでいけるかについて考察することにします。

4.2 私たちをとりまく情報の現状

図書館は利用者にさまざまなメディアを提供しています。ところで、このメディアはどこまで信用できるのでしょうか。

(1) 新聞の情報

例えば新聞の場合、短期間で取材・編集されるために、どうしても誤報が含まれる可能性をゼロにはできません。また、新聞のようなマスメディアの場合、次のような問題点を抱えています。

- 利益第一主義：新聞は販売によって利益を上げている。さらに、販売部数が多いことは新聞に広告を掲載する広告主にとっても宣伝効果をあげるための重要な目安となる。したがって新聞は少しでも販売部数が伸びるような（＝売れるような）紙面作りを目指すことになる。
- 情報源とのもたれあい：記者クラブの制度によって一部のマスメディアのみが政府発表などのニュースを独占的に入手できる特権を得ている。逆にいうと記者クラブのメンバーであるという特権を維持するために、政府や官公庁とマスメディアがなれあいの関係になりやすいという問題点が指摘されている。
- 自主規制：マスメディアはすべてのニュースを公平に取り上げるわけではない。大手の広告主や自社と系列のメディアの不祥事などは取り上げられない傾向がある。再販制度に反対する意見は新聞や出版物には載らない。テレビの場合は総務省が免許の発行を行っているので、そこを批判するような内容の番組は作られない。

改めて確認しておきたいことは，マスメディアにとって情報はつきつめれば商品だということです。商品である以上，売れなければいけません。

　読者・視聴者の興味を惹くために，メディアの上の情報は選択されています。ニュースは新聞の紙面を埋めるのにちょうどよい量が毎日起きるわけではありません。たくさんの事件が起きる日もあれば少ない日もあります。多いときには，何を記事として取り上げるか，選択がなされることになります。この段階で，どのニュースが重要でどれが重要でないのか，価値判断がされていることになります。

　選択された情報は，編集者の意図のもとに編集されます。同じ事件でも被害者寄りの立場に立つのと，加害者寄りの立場に立つのとでは視点がまるで変わってきます。同じ写真でもどこを切り取るか（トリミング）によって読者に与える印象は変わってきます。このように，情報というものはメディアに取り上げられる前に必ず選択され，編集されています。

　さらに，意図どおりの記事が作れないとき，ときに情報は捏造されます。期待したような情報が手に入らなかった場合，編集しても意図どおりの記事にはならなかった場合，メディアが自ら望むような情報を作り出して，それを記事や番組にしてしまう，ということが行われることがあります。こうした捏造はしばしば行われることで，特定の新聞社，テレビ局のみの問題ではないことを私たちはよく知っておかなくてはなりません。

(2) インターネットの情報
　マスメディアに代わる新たなメディアとして注目されてい

る，インターネットの信頼度はどうでしょうか。

インターネットといっても，専門的な機関が提供しているデータベースと個人のブログとでは信頼度に大きな差があることはいうまでもありません。しかし，有用なデータベースの中にはかなり高額な契約料が必要なものもあり，またデータベースだけですべての情報が手に入るわけではありません。多くの人は無料のホームページの情報に頼っているのが現実です。インターネットで多くの人が利用する無料のサイトとして Wikipedia がありますが，これも信頼性にはまだ問題があります。

インターネット上の情報には次のような問題点があります。

①誰のチェックも受けずに情報発信が可能：個人が作成しているホームページやブログでは，作者以外誰のチェックも受けずに情報が公開される。当然，中には誤った情報や意図的なリーク情報などが混じる可能性がある。

②フロー情報で内容の保証ができない：書籍や DVD などのパッケージメディアの場合，完成した段階で内容は固定され，それ以降変更されることがない。しかし，ウェブサイトの情報はいつ更新されるかわからないフロー情報である。昨日まで良いサイトであったとしても，今日も同じ品質を保っているかどうか保証ができない。それ以前にサイトがなくなることさえある。

③匿名性：ハンドルネームで情報を公開できる。他人になりすますこともできるし，無責任な発言をまきちらすこともできる。

このように，インターネットの情報には信頼度に問題のあるものが混じる可能性がつきまとっています。誰もが自由に

情報発信できるメディアである以上，その情報を受け取る側がそれを評価する能力を持つことが必要になります。

(3) 書籍の情報

　書籍の情報は一般に信頼度が高いと思われています。確かに書籍の内容は新聞やインターネットの情報より吟味され，ある程度まとまったものが多いといえるでしょう。しかし，「書籍だから」すべて信頼できると過信するのは禁物です。

　例えば，ライアル・ワトソンの『生命潮流』という本は「100匹目のサル」というトピックで注目を集めました。ワトソンは，あるサルが芋を海水で洗うという行為が群れの一定数のサルに伝わっていったとき，直接には接触のない遠くの群れのサルたちにもこの行動が伝播する現象が観察されたと述べ，生き物には一種のテレパシーのようなものが存在すること，それゆえ力の弱いものでも何かを信じ続けることによってその精神的なパワーがいつか閾値に達し，世の中に一気に広まっていく可能性があることを示唆しました。

　しかし，その後，このワトソンの結論は実際の研究を曲解しており，明らかな間違いであることが研究者によって指摘されています。にもかかわらず，その後もこの本は変更を加えることなく売られ続けており，ワトソン以外の著者によって，最近でも「100匹目のサル」を話題にした本は出版されています。

　忘れてはならないことは，出版社も営利企業であり，書籍は商品なのだということです。商品である以上，売れないものばかり出していたのでは商売になりません。返本率40％という現状では，書籍ももはや消耗品であるといってよいで

しょう。

さらに，市場に常に良質な本のみが十分流通しているわけではないことも記憶しておく必要があります。流行に便乗した安易な企画の書籍もありますし，流通の仕組み上，地方の小書店には選べるほど多様な本が配本されてはきません。書籍とつきあううえでも批判的リテラシーは必要だということなのです。

4.3 すべての情報にはバイアスがかかっている

そもそも人間は，情報を完全に正しく伝えることなどできるのでしょうか。事実を見聞きしたにしてもそれを100％正しく把握することなど人間には不可能ですし，その事実をほかの人に伝える際には必ずその人の頭の中で選択・編集されるわけですから，そこで何かしらのバイアスがかかります。さらにそれを表現するときには，人によって表現力に差がありますから，表現のされ方も人によってさまざまです。このように，あらゆる情報は，メディアに表現された時点でさまざまなバイアスが働き，加工されていると考えなくてはなりません（図1）。

したがって，情報と接するときには，どこかに一つの「正解」があると考えるのではなく，すべてが疑いうると考える相対的な視点が必要になってきます。権威のあるメディアに書かれていたから，著名人が語っていたから，といった理由でそれが「正解」に違いないとみなして無批判に飛びつくのは，判断を人任せにする「思考停止状態」です。私たちは思考停止状態からの脱却を図らなくてはならないのです。現代

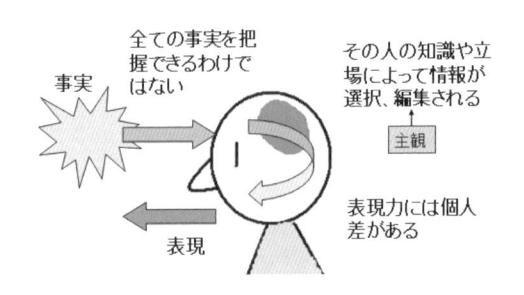

図1　すべての情報にはバイアスがかかっている

の情報社会を生きていくためには批判的リテラシーの習得が必要なのです。

4.4 批判的リテラシーを教える意義－図書館利用教育と批判的リテラシー

では，批判的リテラシーについて図書館利用教育の中ではどのように取り上げられているのでしょうか。

『図書館利用教育ガイドライン　合冊版』（以下『利用教育ガイドライン』）では，「目標と方法」としての情報活用のステップに沿って情報リテラシー指導の具体的な目標と方法を示しています。その「学校図書館（高等学校）版」には，まず「作成方針」の3において，情報の選択が必要なことについて触れています。さらに目標の領域3の中に「情報の特性の理解と評価のポイント（クリティカルリーディング等）」が挙げられていますが，「クリティカルリーディング」が取り上げられているのは，『利用教育ガイドライン』の中で「学校図書館版」が唯一です。「大学図書館版」と「専門図書館版」

には同じく目標の領域3に「情報の評価のポイント」という項目が挙がっています。また、この三つの版では、それぞれの「用語解説」に「情報の評価」の項目があり、「批判的読解」の必要性が指摘されています。「総合版」では目標の領域3の中に「情報の評価のポイント」が盛り込まれています。「公共図書館版」には本文、目標と方法の中に情報の評価に関する項目は見あたりません。ただし、「公共図書館版」の「用語解説」では、「批判的読解」については触れていないものの、「学校図書館（高等学校）版」や「大学図書館版」よりも詳しく情報の評価について解説しています。

このように『利用教育ガイドライン』では情報の評価や批判的読解の必要性について一応、触れてはいます。しかし、『利用教育ガイドライン』全体を通して見ると、情報の評価の必要性について触れているのは、主に「情報探索法指導」の一部としてのみであり、記述の分量も少ないといえるでしょう。『利用教育ガイドライン』で最も力点が置かれているのは情報探索法指導であって、そのことは、「図書館利用教育」の実践例を見ると、いまだに文献探索法やデータベースを用いた書誌や所蔵調査の方法など、情報探索法指導までが主流であり、その先の段階の指導にまで至っている実践例がまだ少なく、情報の評価にかかわる指導は現場からのニーズもあまりないという、日本の図書館の現状に呼応したものといえるのかもしれません。

しかし、それは、アメリカ学校図書館員協会（AASL）の『インフォメーションパワー』が九つの基準の2番目に「情報を批判的かつ的確に評価する」ことの必要性を挙げていることと比較すると、一歩遅れをとっているように見えることは間

違いないでしょう。これは,『利用教育ガイドライン』の原案ができたのが1996年（目標と方法を「情報整理法」と「情報表現法」を含む5領域とする原案が出たのは，さらに遡って1995年の学校図書館版作業委員会において）と，かなり古いことを考えると，やむを得ないともいえますが，その後，情報を評価することの必要性が広く認識されるようになったことを考えると，やはり弱点と考えるべきであって，早急な改訂が必要になっているといえるでしょう。

4.5 利用教育に「情報の評価」を取り入れる

　しかし,『利用教育ガイドライン』での取り扱いは少なくとも,『利用教育ガイドライン』に基づいて作成された教材ビデオ『新・図書館の達人』（全3巻，紀伊國屋書店，1998）では，情報整理法指導の一環として「情報の評価」について具体的に取り上げています。この内容は，DVD『情報の達人』（全3巻，紀伊國屋書店，2007）やそのテキストにも引き継がれていて，これを図書館での利用教育に活かしていくことは可能でしょう。

　『情報の達人』のテキストに示されている情報の評価の基準は次のとおりです[1]。

　①誰が書いているか？
　　情報の作成者が誰かを確認し，職業，得意分野，過去の実績，社会的評判などから，情報が「どの程度確かか」を判断する（図書・雑誌などの場合は著者，編者，ホームページの場合は作成者など）。

②どこから出版・公開されているか？

　発行元がどこかを確認し，どういう目的で情報を発信しているのか，特に商業目的が含まれているか，などの点から，情報源としてどの程度信頼できるかを判断する（図書・雑誌のなどの場合は出版社，ホームページの場合は管理者，など）。

③客観的に書かれているか？

　事実（客観）と意見（主観）は区別されているか，出典や根拠が示されているか，などを確認し，情報がどの程度客観的かどうかを考える。

④いつ作られたものか？

　図書・雑誌などの場合は発行年月，ホームページの場合は作成日・更新日などを確認し，「情報が古くなっていないか」を考える。

⑤どんな情報をもとに書かれているか？

　引用・参照している文献がどのようなものか，ホームページの場合はリンク先がどのようなものかなどを確認し，作者が使っている資料（情報）の範囲と広さを判断する。

　DVD『情報の達人』は大学生向けに作られています。大学図書館や学校図書館であれば，授業と連携してこれらの内容を学生や生徒に指導することは可能でしょう。以下に，学校図書館での実践例をいくつか紹介しておきましょう。

①「学校図書館と教科『情報』によるコラボレーション授業」
　　神奈川県立藤沢西高等学校において米田伸彦（情報科）

表1 「情報」&「学校図書館」コラボレーション授業の概要

授業	時間	項目	内容
1コマ目	5	導入	・本時の授業内容説明 ・クラスを20×2グループに分ける ・次回までの宿題の確認をする
	20	実習（前半）	・教員の設定したテーマについて実際に情報検索の実習を行うその際、1グループはPC教室、もう1グループは図書室で、まず実習する
	5	移動	・場所を交代する
	20	実習（後半）	・前半と同じテーマで調べ学習
2コマ目		導入	・本時の授業内容説明 ・クラスを10×4グループに分ける
	10	グループ討議	・家でまとめてきた内容をもとにPCを使った情報検索と図書館での情報検索を比較し、それぞれの長所や短所をグループで討議する
	10	発表	・グループごとに討議結果を発表する
	20	まとめ	・各グループの発表内容をふまえ、総括を行う
	10	整理	・各自でプリントを整理し、提出する

（米田伸彦，萩原環「学校図書館と教科『情報』によるコラボレーション授業」神奈川県学校図書館員研究会秋季研究会（2002.12.2）配付資料）

と萩原環（学校司書）の協力によって実施された授業である（現在は米田・萩原とも別の学校に転勤）。生徒に調査の課題を与え、学校図書館とインターネットで、探索できる情報の違いを比較評価させる。（表1・2）

表2 「情報検索」の問題例

(問題1)
①作家森絵都のデビュー作のタイトルは何か。その作品の冒頭はどんなふうに始まるか。
②今年5月に一番売れた自動車の車種は何か。また何台ぐらい売れたか。
(問題2)
①「ぼくたちは歩く　ぼくたちは近づく　ぼくたちは語り合う」で始まる詩の作者とタイトル,詩の全文が知りたい。
②藤沢駅から羽田空港まで電車で行きたい。「最も安い経路」,「最も早い経路」,「最も乗り換えの少ない経路」をそれぞれ調べなさい。
(問題3)
①小柴昌俊さんと田中耕一さんのノーベル賞受賞が発表されたときの新聞記事が見たい。
②作家赤川次郎の作品のうち,最も新しく出版されたものは何か。タイトル,出版社,金額を調べなさい。
(問題4)
①藤沢西高校の初代校長は誰か。また,第一期生は,何クラスであったか。
②「終末時計」とは何か。また,現在何時何分をさしているか。

(「2003年度『情報A』情報検索の手段　No.10」(プリント)の冒頭部分,表1の出典に同じ)

②「メディア・オリエンテーション」

椙山女学園高・中学校の天野由貴による実践。図書館の新入生オリエンテーションにおいて質問を出し,図書とインターネットの両方を使って情報探索をし,比較検討させる。(第5章参照)

このほかの指導の例として，Yokosuka Middle School で Janet Murray が作成した，ウェブサイトを評価するための基準を示した The Five W's of Web Site Evaluation のホームページを挙げておきましょう（http://janetsinfo.com/webeval1.html）。このようにホームページを使って指導するという可能性もあるのです[2]。

　以上のように学校図書館では情報の評価を指導に取り入れた例がありますが，授業との連携や一斉オリエンテーションが実施できない公共図書館では，どのようにしてこの内容を利用教育に取り入れることが可能でしょうか。

　まず，パスファインダーを使う方法があります。情報の評価が必要なことをわかりやすく解説したパスファインダーを作り，この情報の評価の基準をそこに盛り込むのです。情報探索法やレポートの書き方など，より需要のあるパスファインダーのなかで情報の評価について触れておくことも，より多くの人の注意を喚起するうえで有効でしょう。図書館のホームページに情報リテラシーのページを設けて，そこで批判的読解力の必要性について触れることも一つの方法です。

　次に，レファレンスや読書相談の機会に，個別指導としてこれらの内容を示すことが可能でしょう。メディアの特性の違いや立場が異なる著者によって意見が異なることを示して，批判的リテラシーが必要なことを利用者に意識させるのです。このとき，先に述べたパスファインダーがあれば，説明がより容易になるでしょう。

　ただし，パスファインダーは図書館に来ない人には届きませんし，レファレンスサービスなどの際の個別指導は，レファレンスサービスを利用する人に対してしか実施の機会がな

く,しかも人によっては回答を急いでいてそのような指導をしている暇もないかもしれません。そこで,より多くの人に情報の評価について知ってもらうために,セミナーを開催することも考えられます。ただし,いきなり批判的リテラシーをテーマにしても参加者は少ないかもしれないので,やはりここでも情報探索法などと絡めてテーマを設定するなどの工夫が求められることになります。

　さらに,これまで挙げてきたような直接的な方法ではありませんが,日常の図書館活動を通じて批判的リテラシーの習得を支援することも可能です。

　情報の確かさを評価し,判断の材料にするためには,信頼できる文献やデータで検証することが有効ですが,それには訓練が必要です。一般の利用者には難しい部分かもしれません。その情報の検証を図書館が支援するのです。判断に迷うことがあれば図書館に来て司書に相談してもらえば,司書が図書館の資料を駆使してその判断を援助するのです。これは結果として利用者の情報の評価を図書館が支援していることになりますが,このような関係を作り出すには,日頃から図書館が調べ物に有効であることを人々がよく理解していて,わからないことなら図書館で聞けばよいと考える習慣ができあがっていなければなりません。そのためには日常の広報活動が重要になってきますし,利用者の信頼に応えるためには司書がデータや文献の取り扱いに精通していて,リサーチリテラシーを十分に身につけていること,そして司書自身が情報を評価することの必要性をよく理解していなければなりません。利用者の批判的リテラシー育成のためには,まず図書館が機能していること,司書自身が「情報の達人」であるこ

とが求められるのです。

4.6 図書館司書に求められる三つのCと三つの「つ」

メディアのいうことを鵜呑みにするようでは真に情報リテラシーを身につけたとはいえません。情報を評価する能力の育成は今後,図書館にとっても重要な課題になってくると思われます。司書は批判的リテラシーについて教える方法を開発していかなくてはなりませんが,それ以前にまず指導者である司書自身が批判的リテラシーを身につけている必要があります。

しかし,「批判」や「評価」という言葉にはまだネガティブな印象がつきまとっています。「批判」が中傷や揚げ足取りと同じように受け取られ,「批判」することを教えるのは危険なことだと考える人がまだいるのです。けれども,真の「批判」とは,相手を打ち負かすためのスキルではありません。情報を批判的に読み解くことは自分の立場を考え,社会への影響を検討する機会でもあるのです。批判は情報を活用して社会をより良いものにしていく行為につながっています。真に建設的な批判は,社会や他者の幸福を考える態度と結びついていなければならず,そのためには批判的リテラシーは,他者とコミュニケートしていく能力や,他者と力を合わせて物事を成し遂げていくコラボレーション能力とセットで習得されなければならなりません。

ここではコミュニケーション能力やコラボレーション能力の習得支援の方法についてまで論じることはできませんが,批判的読解力 (critical reading) は,コミュニケーション (communication）やコラボレーション（collaboration）とともに習得しなくてはならないことをわれわれはよく理解しておく必要があります。例えば，批判的読解力の習得支援を行う際にも，レファレンスサービスでは，利用者の話に耳を傾け，わかりやすく情報リテラシーの重要性を説明できるコミュニケーション能力が必要ですし，情報リテラシーのセミナーを開催する場合でも，利用者の情報ニーズを探り，職場の同僚や上司とプロジェクトを実行していくためには，やはりコミュニケーション能力やコラボレーション能力が重要になってきます。

　今後，批判的リテラシーの指導は図書館にとっても重要な課題になってくると思われますが，その指導者である司書は，批判的読解力はもちろんのこと，コミュニケーション能力やコラボレーション能力も身につけていなくてはなりません。これら司書が身につけておくべき能力を「三つのC」と呼んでおくことにします。

　司書に求められる三つのC
　1. 批判的読解：Critical reading
　2. コミュニケーション（表現と理解）：Communication
　3. コラボレーション（情報の共有と共働）：Collaboration

　もちろん「三つのC」は利用者にも身につけてほしい能力でもあります。しかし，広く利用者にその必要性を訴えていくときに「三つのC」ではわかりにくい部分もあるかもしれません。

　そこで，多少のユーモアを交えてわかりやすく「三つの『つ』」といいかえてはどうでしょうか。

身につけておきたい三つの「つ」
1. つっこみ：批判的読解
2. つたえあい：コミュニケーション
3.（ともに）つくりだす：コラボレーション

「つっこみ」ではふざけすぎではないかと思われる向きもあるかもしれません。しかし，横並びを重んずる日本の文化の中で批判的に情報を読み解こうとすることはやはり難しいでしょう。最初はあまり力まずに面白く始められるようにしたほうがよいと考えます。パオロ・マッツァリーノは，『つっこみ力』の中で，ユーモアをもって権威やメディアを批判することの重要さを説いています[3]。ユーモアは大切です。

疑わしい言説に触れたときには心の中でつっこみを入れてみましょう。「なんでやねん？」「ほんまかいな？」——この一言で生真面目な脳みそが一瞬，柔らかくなり，批判的に情報を評価することが可能になってくるのです。

このたび，図書館利用教育委員会の委員有志で批判的リテラシーの習得支援のために「リテラシー（つっこみ）」のしおりを作成しました（図2）。かわいい動物たちが「なんでやねん」「ほんまかいな」とつっこみを入れている図柄です。批判的リテラシーの習得支援を行う際に，「まず軽くつっこみを入れるところから始めてみましょう」と利用者に手渡すような利用法を想定しています。ぜひご活用いただきたいと思います[4]。

注・引用文献
1) 野末俊比古『情報の達人　第2巻　ゼミ発表をしよう！　テーマ

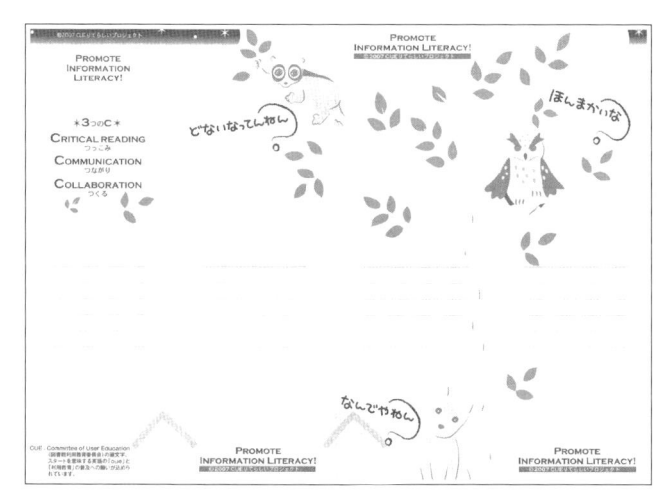

図2 「リテラシー（つっこみ）」のしおり

　選びからプレゼンテーションまで　テキスト』紀伊國屋書店，2007, p.22-25.
2)　このほかに筆者による実践例として，理科の授業の中で情報の評価に触れた例もある。神奈川県高等学校教職員組合図書館教育小委員会編『図書館よ，ひらけ！：授業いきいき学校図書館』公人社，1990, p.113-128.
3)　パオロ・マッツァリーノ『つっこみ力』筑摩書房, 2007, p.57-67. （ちくま新書）
4)　入手希望の方は図書館利用教育委員会ホームページを参照。[http://www.jla.or.jp/cue/]

参考文献
・Murray, Janet, Thinking about world wide web pages. [http://janetsinfo.com/webeval1.html]
・Dragons' Info Lair. [http://www.janetsinfo.com/ymslib.html#cite]（確認

4章　図書館員に求められる三つのC………59

2008.5.15)
- 尾下千秋『変わる出版流通と図書館』日本エディタースクール出版部，1998．
- 菅谷明子『メディア・リテラシー：世界の現場から』岩波書店，2001．（岩波新書）
- 鈴木みどり編『メディア・リテラシーを学ぶ人のために』世界思想社，1997．
- 竹内薫『99.9％は仮説：思いこみで判断しないための考え方』光文社，2006．（光文社新書）
- 谷岡一郎『データはウソをつく：科学的な社会調査の方法』筑摩書房，2007．（ちくまプリマー新書）
- チョムスキー，ノーム『メディアとプロパガンダ』本橋哲也訳，青土社，2008．
- 東京大学情報学環メルプロジェクト，日本民間放送連盟編『メディアリテラシーの道具箱：テレビを見る・つくる・読む』東京大学出版会，2005．
- 水越敏行編著『メディアリテラシーを育てる』明治図書，2000．（21世紀型授業づくり13）
- 森田秀嗣「メディアと批判的にかかわることを教える教育」『メディアリテラシーを育てる』明治図書，2000．
- 山内祐平『デジタル社会のリテラシー』岩波書店，2003．

（有吉末充）

5章 生きるための情報活用能力を育成する
—『図書館戦争』から身近な問いと知識をつなぐ

5.1 はじめに

　学校図書館では今，情報活用能力を育成するさまざまな取り組みが行われています。ここでいう情報活用能力とは，さまざまなメディアを情報源とし，自らが求める情報を収集・選択し，読み解き，読み解いた情報の中から，必要な情報を自らが持つ知識と結びつけ，新しい知識として再構築する力のことです。

　ここで取り上げる，ある生徒たちの事例は，生徒自らが身近な話題の中から生まれた疑問を自らが解決する「問い」とし，情報を活用して自分たちの能力で解決した一例です。情報活用能力，いいかえれば情報リテラシーを身につけた生徒が情報社会の中で自立した学習者として生きていくためには，身近な疑問を自らが情報を活用して解決すべきテーマとして設定できることが重要になります。これからの情報リテラシー教育が課題設定能力を含めたものになることが，生徒の情報リテラシーを本当の「生きる力」にすることです。

5.2 『図書館戦争』の世界が現実になる!?

　まず，はじめに3人の中学生のあるエピソードを紹介しま

す。普段は明るい彼女たちが怒りながら開館時のカウンターに来たのは，9月のとある朝でした。

　いつものように朝の挨拶からではなく，「ちょっと聞いてよ!!」の言葉から始まったのは，彼女たちがとても楽しみにしていた人気深夜アニメが突然，放送中止になったという話題。深夜アニメのため，タイマー録画をし，いざ視聴しようとしたら「放映中止」のお詫びが簡単に流れたのみであったとのこと。いったい何が原因なんだ，と憤る彼女たちは，そのテレビ局の番組ホームページ（HP）を検索したいというので，一緒にその HP を検索すると，原因は少し前に京都府京田辺市で起きた 16 歳少女の斧による父親殺害事件の影響から，とさらりと書いてありました。ただ，詳しいことが書かれていないため，どんな影響なのかは一切わかりません。彼女たちの一人が「私たちにだって知る権利はあるよね」というので，「じゃあ，調べてみたら」といったことから，彼女たちは自主的に「調べ学習」を始めたのです。

　まずは原因となった事件を新聞のデータベースで検索し，事件とアニメとの関連を調べましたが，具体的な関連性の指摘などの情報はあまり読み取れませんでした。そこで，この問題に関するさまざまなブログ，他の放送打ち切りになったアニメ，暴力シーンなどがカットされたドラマなどから情報を集めましたが，そこからはアニメなどが青少年に与える影響を事実としてはっきりと読み取ることはできませんでした。

　それからしばらく日時が経過した後，有害サイト規制法（青少年が安全に安心してインターネットを利用できる環境の整備等に関する法律）が成立したというニュースが流れました。このニュースをきっかけに彼女たちの疑問はさらに膨らみました。

「この法律が私たちに与える影響はどんなもの？」

「これって私たちに関係する法律なのに，私たちの意見ってどこにも反映されてないんだよね？」

そして，ある生徒が，過去に立案され，知らない間に廃案になっていたメディア規制法案（特にメディア規制の，青少年有害社会環境対策基本法案）があった，という事実をインターネットで見つけました。

このメディア規制法案に関する情報を読んでいた彼女たちは，「これってまるで『図書館戦争』と同じだよ」といいます。『図書館戦争』の世界では，国民の無知と無関心によって「メディア良化法」[1]という法律が制定されていました。その法律によって国民の知る権利は侵害され，表現の自由の規制，検閲の実施などが当然のように行われるのです。しかし，これに対抗するのが「図書館の自由に関する宣言」を掲げる図書館で，「図書隊」[2]という防衛組織まで持ち，国民の知る権利を守っている，という小説です。

本の中の世界と現実の世界が微妙に重なり始めたため，彼女たちは戸惑いながらも，より興味がわいてきたように見えました。そこで，現実の世界で彼女たちが持っている「権利」について質問をしました。「憲法にはあるはずだよね」などといろいろな話をしていくうちに，再び今までに学んだことで関連しそうなことがあるかを質問しました。

「あっ，1年生のときに習った『子どもの権利条約』!!」

さっそく，「子どもの権利条約」が並ぶ人権の本棚へ行き，関連する「第13条　表現・情報の自由」や「第17条　適切な情報へのアクセス」などを確認します。彼女たちは，自分たちにも主張できる権利があることを確認したうえで，自分

5章　生きるための情報活用能力を育成する………63

たちの「知る権利」を守ることについてさまざまなことを話し始めました。

「私たちにも権利がある」

「ただ，『知る権利』を守るためには，社会にかかわっていることや関心があることも大事」

「無知であることは実はとっても怖いことだから，知識は必要」

そして，「情報を正しく読み解くためには，『なぜ？』と思う力，考える力，理解する力が必要」ともいいます。さらに，「知っていたことと新しく知ったことをつなげる力，そして自分たちの思っていることを正しく相手に伝える力も必要」だといいます。深夜アニメの放送中止から始まった自分たちの疑問を，「知る権利」を守ることにつなげ，これからさらに必要になる知識の習得や身につけるべきさまざまな能力へと結論づけたのです。彼女たちが身近な疑問を具体的な「問い」へと発展できたのは，「調べる」ということが日常にある環境にあったからです。

5.3 椙山女学園の紹介

ここで本校を紹介します。本校は 1905 年に開学し，2009 年で 104 周年を迎えます。学園としては幼稚園から大学院まである東海地区で唯一の総合女子学園であり，その中で中学校と高等学校は一貫教育を実施しています。

椙山女学園中学校は 1 学年 6 クラス，クラス定員 36 名，高等学校は 1 学年 10 クラス，クラス定員 40 名で，両校あわせて約 2,000 名の生徒が在籍しています。そのキャンパス内

に椙山女学園高・中図書館はあります。

　図書館は 1979 年に独立棟の図書館として開館し，開館当時から，図書館長 1 名（教員），学校司書 3 名によって独立運営されてきた学校図書館です。2005 年 8 月には，新校舎の建て替えとともに，新校舎の中心の 1 階に位置し，すべての生徒が等距離でアクセスしやすい環境に 907.27 ㎡の新館としてリニューアルしました。図書館に関する主なデータは以下のとおりです。

- 蔵書冊数：約 10 万冊
- 年間受入冊数：3,000 ～ 3,500 冊
- 年間利用者数：約 70,000 名
- 座席数：222 席
- 館内閲覧室年間授業時間数：392 時間
- 館内利用ノート PC：89 台（無線 LAN 対応）

5.4 「総合的な学習の時間」第1時間目　図書館メディア・オリエンテーション

　図書館では，毎年 4 月から 5 月にかけて，新入生対象のオリエンテーションを実施しています。このオリエンテーションは，「総合的な学習の時間」の第 1 時間目として実施され，「図書館メディア・オリエンテーション」と呼ばれています。

(1) 沿革
　図書館メディア・オリエンテーションの歴史は以下のとおりです。

- 2001 年「総合的な学習の時間」の開始に伴い，教員組織

（総合係会）と図書館の合同企画として，情報リテラシー教育導入のために実施することとなった。
・高校における教科「情報」との棲み分けにより，図書館が情報リテラシー教育を担当し，このオリエンテーションも中・高時代に必要な情報リテラシーを育成するための内容で構成した。
・このオリエンテーションは，毎年新学期始めに中・高ともにクラス単位で実施する。ただし，集中力の問題から，中1は入学当初と4月末にそれぞれ1時間ずつ分割して実施，高1は入学当初の2週間に特別時間割を組んで1クラス2時間連続の内容で実施する。

(2) ねらい

　図書館メディア・オリエンテーションは，入学後に行われるすべての教科および学校行事関連授業における「調べ学習」の土台となるように設定されました。椙山の授業スタイルは，すべての教科において「調べて・まとめて・発表する」であるため，それらすべての基礎となるように以下のようなねらいを設定しました。
・調べ学習時に行われるであろう探索過程の始めから終わりまで，すべての過程を一通り体験し，記憶に留める。ここでは，次の学習に応用するための記憶の活用方法を知るとともに，探索過程を振り返り，次の探索学習に活かす方法を理解する。
・図書館にあるすべての情報源を知り，利用する一連の探索過程では，図書館にあるすべての情報源を利用するような実習が設定されている。

・人的情報源である図書館員を認識する。人的情報源としての図書館員が重要な情報源であることを認識し，今後の調べ学習に活用できるようになる。

(3) 構成

　図書館メディア・オリエンテーションは，テキストブックによる知識導入（50分）と探索実習「知の探険家」（50分）の連続2時間構成となっています。具体的には，以下のような内容で構成されています。

・探索実習「知の探険家」の問題は，全教科から提供されたテーマで1クラス分40問が作成されている。生徒は，自分の出席番号と同じ番号の問題について探索し，探索後の結果は指定解答用紙に記入した後，担任へ提出する。

・「知の探険家」問題の作成にあたって，すべての教科・教員から問題の素材を提供してもらい，根拠となる情報源の調査を図書館で実施した後，すべての情報源を調査可能なものに仕上げる。生徒は，時代的な背景やテーマの特殊性により，情報源を選択する。また，背景的知識があると解答しやすい問題の構成により，テーマの把握，辞典類の多用，根拠となる情報源の特定につなげる。背景的知識の獲得から新しい知識の獲得へと発展できる構成でもある。

・「知の探険家」の解答用紙の構成内容は，解答の正解に重点を置いていない。探索の過程において自分のテーマからどのようにキーワードを発展させたか，すべての情報源にアクセスし，自分が必要な情報を収集・選択したか，選択した情報から解答に必要な情報を自分の言葉で

まとめたか。自分の言葉でまとめる過程では，すでに持っている知識と新しい知識を融合させることができたか，といった点を見る。
・さらに，自分の探索方法をアンケートと自由記述で記録し，その記録から振り返ることで体験を記憶に留めるとともに，次の探索に活かす経験知とする。
・そして，自由記述やアンケートに残る生徒の試行錯誤の足跡を分析し，オリエンテーション内容の理解度を把握し，以後に実施される授業内でのレファレンスサービスに活用する。
・このオリエンテーションでは，担任教員も探索実習時の生徒を支援すると同時に，探索実習の過程を疑似体験する。また，教員が生徒を支援する際にアドバイスしやすいように，探索過程例や解答例を示した教員用解答を事前に配布している。
・また，回収した解答用紙のデータを収集・分析し，実施報告として全担当教員へフィードバックすることで，次の年に向けた改善点などを見つけながら，学校全体の取り組みとして常に進化・発展できるようなシステムを構築している。

5.5 情報リテラシー教育格差が広がる学校図書館

では，高校の教科「情報」では，どのように情報リテラシーを取り扱っているのでしょうか。残念ながら，情報リテラシー全体を教科として教えている学校は多くはありません。また，学校図書館における地域や学校間の格差は，少しずつ

広がりつつあります。ある地域では小学校から体系的に情報リテラシーをカリキュラムの中で教えていますが，他の地域ではまったく教えないという，平等であるはずの教育が不平等になっている現状があります。

　これから実施される新しい学習指導要領の内容によって，また，多様な情報リテラシー教育の背景を持つ生徒に対して，どのように情報リテラシー教育を行っていくのかということは，これからの学校図書館における課題となります。生徒が受けてきた情報リテラシー教育のレベルによるオリエンテーション内容の構成変更など，きめ細やかで柔軟性のある構成内容で情報リテラシー教育の第一歩を始めることが，その後の生徒のモチベーションに影響を与え，学校図書館への期待にもつながる重要な鍵になるでしょう。

5.6 おわりに

　図書館は今，図書館から図書館を越えることを考える時期に来ています。生徒は，インターネットを介することで，学校という限定された空間からいとも簡単に無限に広がる情報の世界に飛び込んでいくことができます。そういう時代を生きている生徒に必要な能力は，情報リテラシーを活用してより豊かに生きるための力に変える能力です。

　生徒は，日常的に「調べる」習慣があれば，身近な疑問から「問い」を見出すことができます。身近な疑問を解決することを繰り返し，発想力・推測力・創造力を鍛え，「問う力」に磨きをかけることが，身近な疑問を「真の問い」に変えるためには必要なのです。「真の問い」に変える力は，情報を活

用し，より豊かに生きる力になっていきます。

　生徒の将来に続く学びをより豊かにする土台を学校図書館は創り育んでいるのです。身近な問題を解決するときにこそ，身につけた情報リテラシーが試されます。図書館が育成した情報リテラシーが真の生きる力になるよう，生涯教育という遠い未来を見据えながら，体系的に情報リテラシー教育を実施していかなければなりません。

注・引用文献
1) 　メディア良化法とは「公序良俗を乱し，人権を侵害する表現を取り締まる目的で制定された法律。あらゆるメディアの良化を目指し，公序良俗に反する書籍・映像作品・音楽作品などを任意で取り締まる権限（小売店に対しての入荷物の検問，版元への流通差し止め命令，マスコミには放送禁止・訂正命令，インターネットではプロバイダーへの削除命令など）は多岐に渡る。抵抗する者には武力の行使も許可されている」という設定になっている。「図書館戦争」公式サイト [http://www.toshokan-sensou.com/]
2) 　図書隊とは「メディア良化委員会に唯一対抗できる根拠法を持つ図書館が，正化16年に発足させた防衛組織。図書隊の職域は，図書館業務部に所属する図書館員，防衛部に所属する防衛員，蔵書の装備・戦闘装備の整備・物流一般を行う後方支援部に所属する後方支援員の3つに分けられる。主に防衛員から精鋭を選抜して編成されるライブラリー・タスクフォース（図書特殊部隊）は，平時は基地に駐屯し，各図書館の要請に応じ出勤，通常図書館業務から大規模攻防戦まで幅広い任務をこなす」という設定になっている。前掲1)「図書館戦争」公式サイト

（天野由貴）

6章 四つのステップで進める図書館利用教育

6.1 はじめに

　亜細亜大学図書館における図書館利用教育は，四つのステップを基本に構成されています（2009年4月現在）。ステップは次のとおりです。
　・ステップ1：図書館活用術の指導（全学生共通）
　・ステップ2：一般的な文献探索法の指導（全学生共通）
　・ステップ3：主題別文献探索法の指導（ゼミ等，任意対応）
　・ステップ4：卒論の文献探索法（ゼミ等，任意対応）
このステップに合わせて実施することにより，学生はかなり高いレベルの情報活用能力を身につけることができるだけでなく，情報化社会を生き抜くために必要な情報調査スキルを向上させることができます。なお，各ステップの学習事項は表1のとおりです。

　表1のような内容をもとに，学部・学科の事情やゼミの担当教員との打合せをしたうえで，実施プログラムが決定されています。もとはゼミ単位で受ける任意の文献探索法指導のレベルアッププログラムとして作成されたものですが，新入生に対する図書館利用教育プログラムもこの基本型を参考に学部と相談したうえでプログラム化されています。

　以下，亜細亜大学における実践事例について，

表1　ステップごとの学習事項

ステップ	学習事項
第1ステップ 図書館活用術の指導	①OPAC検索法 ②館内資料配置の確認と資料の種類 ③図書館資料の配架法（NDC分類，請求記号の意味等） ④書庫内資料の使い方（電動集密書架） ⑤貸出・返却法（自動貸出・返却機），図書館利用の仕方 ⑥利用上の留意事項
第2ステップ 一般的な文献探索法の指導 （全学生共通）	①本の探し方（NDL-OPAC（国立国会図書館蔵書検索）の使い方等の学習） ②雑誌記事の探し方（雑誌記事索引の使い方等の学習） ③新聞記事の探し方（新聞縮刷版の利用法，各種新聞検索ツール等の学習） ④図書館にない資料の入手法（相互協力等）
第3ステップ 主題別文献探索法の指導 （学部・学科・科目別対応）	①レポート・論文作成のための10のステップと留意点 ②引用文献活用の留意点 ③文献検索法（検索技術など） ④主題別書誌（データベース含む）の活用法
第4ステップ 卒論対策としての文献探索法	①各卒論テーマの文献調査（量的把握など） ②卒論テーマの検討（テーマにふさわしい文献量があるか，学術文献はあるかなど） ③アウトラインの作成法 ④卒論テーマに必要な特殊書誌（データベース含む）やレファレンスブックスの活用法

①新入生を対象にしたビデオによる図書館利用指導（ステップ1）
②正規授業における図書館利用指導（ステップ2）
③任意によるゼミ単位の利用指導（ステップ3・4）
④図書館主催の利用指導セミナー（全ステップ）

に分けて紹介していきます。

6.2 新入生を対象にしたビデオによる図書館利用指導(ステップ1)

　約1,700名の新入生全員に見せる図書館ツアービデオは，学部ごとの始業前指導の一環として実施される図書館ガイダンスの中で上映されています。ステップ1の学習内容のほとんどがビデオの中に反映されています。ビデオの時間は，正式なもので45分，特定学部用の短縮版が31分です。

　2002年度からの新カリキュラムにより，学部ごとの始業前指導として全新入生を対象にする方針に変わったため，実際の館内ツアーは不可能となりました。以降は，ビデオまたはDVD（以下，ビデオ）によるイメージツアーに変わりました。

　ビデオは，図書館職員と学生たち（情報機器・AV機器編集に参加している特定の図書館登録利用者グループと放送研究会などのクラブ活動参加者）の自主制作によるものです。ビデオ学習の中で最も重要なものは，自動貸出・返却機の使い方と電動集密書架の利用法です。なお，再度研修を希望する利用者については，随時，現場で指導するという二重指導体制をとっています。

　2009年度現在，4学部1短大のうち1学部を除き，始業前の新入生向けの図書館ガイダンスの指導内容は次のとおりです。所要時間は50分程度です。

　①図書館の概要（口頭説明）
　②ビデオ上映
　③図書館ホームページの使い方（口頭説明）

④図書館利用マナー（口頭説明）

③については時間的な制約から，図書館のホームページの概要を知らせるだけで，図書館 OPAC の利用法については指導していません。

新入生ガイダンスを実施しない1学部は，1年次の前期に正規の授業科目に組み入れられているので，90分のコマの中で上記ガイダンスを展開することになります。したがって時期は少々遅れますが，ステップ1のガイダンスに加え，ステップ2の本学 OPAC と NDL-OPAC の詳細な使い方が加味され，両ステップをクリアしています。

6.3 正規授業における図書館利用指導（ステップ2）

新入生ガイダンスで図書館ツアービデオを見た後の利用指導ですが，3学部のうち2学部は1年の後期に正規授業に組み込まれています。短大部はゼミ単位の任意参加となります。

正規授業での利用指導は，新入生ガイダンスの不足を補う部分もありますが，内容はステップ2に該当します。「新入生のための図書館資料の探し方」と題し，パワーポイントによる説明・検索デモと演習により構成されています。具体的には次のとおりです。

①図書の探し方　解説と演習（本学 OPAC 演習）
②雑誌論文・記事の探し方　解説と演習（NDL-OPAC 雑誌記事検索演習）
③新聞記事の探し方
④図書館にない資料の入手方法

経営系学部のみ，経営・企業情報を含めて雑誌記事論文索引

データベース「MAGAZINEPLUS」の演習も希望により加えています。

なお，1学部は行事の関係で2年生になってから実施されます。内容は変則的で，ゼミ1コマのうちの45分を割いて簡単な検索デモを行った後，問題を解くかたちで下記の演習を行っていますが，指導時間が短いためステップ2を完全に学習できていない状況にあります。

①本学 OPAC 演習
②NDL-OPAC 図書検索演習・雑誌記事索引検索演習

6.4 任意によるゼミ単位の利用指導（ステップ3・4）

(1) 開催案内

任意のゼミ指導は年間を通して展開しています。教員への案内は年2回で，前期授業と後期授業が始まるときに案内文を発行しています。案内文のポイントは次のとおりです。

①受付日程のお知らせ
②教育効果
③申し込み可能な日程表（受付可能カレンダー）
④日程調整があること（申し込み重複への対応）
⑤指導内容（四つのレベル）の提示
⑥教員の要望により自由にプログラムを変更できること
⑦ゼミ単位の利用指導をするのに適正な時期であるアピール

(2) ゼミ単位利用指導の注意点

ゼミ指導はもともと卒論を想定したものなので，3年生にはステップ3を，4年生にはステップ4を用意しています。

傾向としてステップ3で終わるゼミが多く，ステップ4まで実施しているのは若干です（2008年度実績では3ゼミ）。

最近は，短大部を除き，1年次に情報リテラシー科目（正規科目）が置かれたことに伴い，1・2年生でステップ3を受ける件数が増えています。

ここでの課題は，レポート作成への意識が低いと教育効果が低くなる傾向が見られることです。解決策としては，現在は一部の教員が実施しているレポートを担当科目の教員全員が課すとか，指導後に実際に課題を出して調べさせるなどの工夫が不可欠です。事前に教員と連携を図り，教育効果が期待できる対策を講じておく必要があります。

なお，担当の図書館員が用意するツールは，新聞縮刷版と大学紀要のサンプルです。配付資料は，演習問題用紙であり，次の四つです（④のみ学部による違いがあります）。

①本学OPAC調査
②NDL-OPAC調査
③NDL-OPACから本学OPACに戻る調査
④雑誌記事索引調査

(3) ゼミ指導・学科関連指導におけるステップ3の指導内容

ステップ1・2がほとんどの新入生に行われるようになったことから，任意のゼミ指導ではステップ3が主流となっています。指導内容はレポート・論文作成法と文献調査法です。対象はゼミ3年生が中心ですが，学部関連指導の申し込みでは，1・2年生も対象としています。指導内容は「ビデオ上映とその補足」「文献調査法」「文献入手法」の三つです。

①ビデオ上映とその補足

内容は次のとおりで,所要時間は 35 分から 40 分ほどです。
①資料配付（下記ビデオの解説書）とその確認
②ビデオ上映『情報の達人』(紀伊國屋書店, 2007) 第 3 巻「レポート・論文を書こう」第 0 講［約 15 分］
③ビデオ終了後の補足説明

配付資料をもとに，レポート・論文作成には 10 の手順（ステップ）があることを確認します。レポートや卒論のテーマが自由に設定できる場合は，最初は仮テーマにし，必要な文献がこの世に存在しているか否かを事前に調査（図書，雑誌記事・論文，新聞記事等）し，書くにふさわしい適量の文献が確認できたら正式テーマにすることなどを説明します。

②文献調査法

最初に，配付資料である「図書・雑誌論文記事・新聞記事探索法の概要図」にある専門用語「レファレンスツール」の意味を説明します。レファレンスとは「調べる」の意味であり，レファレンスツールとはそのための道具（ツール）であることを伝え，たとえ話などでわかりやすく話します。そのうえで,
①図書の上手な探し方　調査のポイントおよび留意点
②雑誌論文・記事の探し方　調査のポイントおよび留意点
③新聞記事の探し方　調査のポイントおよび留意点
④主題ツールの説明
という順で解説していきます。

まず①では，すでにステップ 2 で NDL-OPAC の演習は終了しているので，NDL-OPAC の検索例をもとに，キーワー

ドで検索する際の難しさや問題点を，ノイズ消去のテクニックとともに教えます。例えば，「インド and 経済」で検索し，検索結果の図書一覧を見ると，インドネシア，インドシナ，ブラインド，マインドなど，いかにノイズが多く含まれているかを示します。そして，これらのノイズを消去する方法を指導します。

　②では，テーマは教員と相談して決めることも可能です。ただし，説明しやすいテーマを設定することが大事です。

　社会科学分野のレポートや卒論は現代の社会情勢と密接に関係していることが多いので，図書だけでなく雑誌記事や論文を使うことが重要であり，評価に大きく関係することを伝えます。説明用のレファレンスツールとしては，国内最大の雑誌記事論文索引である「MAGAZINEPLUS」（雑誌記事索引・論文検索データベース）を紹介します。すでにステップ2で説明し，学部によっては演習を行っているので，ここでは検索のテクニックを教えます。また，ある学部では，NDL-OPACの「雑誌記事索引」を使って指導をしているので，「MAGAZINEPLUS」との比較をし，「MAGAZINEPLUS」では，国立国会図書館の雑誌記事索引データベースが100％含まれ，それ以上の文献が調査できること，国立国会図書館が採録対象にしていない雑誌や図書の中に含まれている論文も調査できること，学会年報・報告書類と記念論集などといった図書の中に収録されている論文の検索も可能であることを明確に示しておきます。

　次に，図書と同様，雑誌記事の検索においてもノイズ対策が必要であることを教えます。例えば，「バリ and 観光」で検索すると，バリに多くのノイズがあることを教えます。

表2　留意点

①個々の卒論テーマに合わせた複合検索法（AND・OR 検索）とその複数組み合わせ法。
②同義語検索（単語の OR 検索）例：子ども，子供，こども，幼児，児童，園児など。
③本学 OPAC へのリンク条件と注意点。
④文献リスト(詳細書誌)を作成することがとても重要であること。
⑤検索一覧から学術的な文献を選択する方法。
⑥文献一覧は新しい順に並んでいるので，記事によっては年表的な役割を果たしていること。
⑦文献一覧を概観することによってテーマ全体に関する文献の傾向が鳥瞰できること。
⑧文献リストは卒論の最後に使う引用文献・参考文献に必要になること。
⑨現物は別途入手すること。
⑩入手法の紹介（契約データベースや CiNii で入手できるもの，他大学利用など）。

　以上のほか，表2のような留意点も知らせます。

　③では，まず「日経テレコン21」（日経4紙横断検索データベース）の利用について説明します。「日経テレコン21」は，特に社会科学関係の新聞記事調査に不可欠です。「経済新聞」ではありますが，法律関係の判決記事も他新聞と比較すると豊富なので，法学部関係にはその旨を伝えます。次に「ファクティバ（Factiva）」を取り上げます。それぞれの指導のポイントは表3のとおりです。

　④においては，学部・学科・ゼミの専門性に配慮して，使う主題ツールを選んでプログラム化したうえで，検索デモと説明を行います。使用する主題レファレンスツールには表4

表3　新聞記事の探し方における指導のポイント

「日経テレコン21」の利用（日経4紙横断検索データベース） ①詳細検索画面を勧める（理由：新聞見出し検索ができること）。 ②検索された記事一覧は新しい順に時系列で並んでいるので，年表として利用できること。 ③年表的に見ることによって特定テーマに関する動向が鳥瞰でき，テーマ選択や目次のアウトライン作りに役立つこと。 ④「日経テレコン21」は1975年から新聞記事検索が可能であること。 ⑤1985年から文字情報が入っていること。 ⑥1988年からイメージ情報が搭載されているので，かなり古い記事から現物が入手できること。 ⑦「朝日新聞」のイメージ情報搭載は最近のことなので，「日経テレコン21」が優れていること。 ⑧著作権処理ができていない記事がままあるので，それらは縮刷版を利用すること。 ⑨経営・経済系学部生や就職活動中の学生には「日経テレコン21」の「企業検索」も大変有用なものであること。
「ファクティバ（Factiva）」 ①朝日・日経4紙以外の新聞記事を探す場合に使用すること。特に縮刷版の出ていない産経新聞・東京新聞はこちらを利用すること。 ②日本のローカル新聞（例：信濃毎日新聞）や専門新聞（例：食料新聞）も採録されていること。 ③世界の英字新聞も採録されていること。 ④対象紙の横断検索が可能なこと。 ⑤個別新聞に限定した検索も可能なこと。 ⑥文字情報のみ閲覧可能なこと。

のようなものがあります。

表4　使用される主題ツールの例

- 『法律判例文献情報』（冊子体とデータベース版の両方あり）‥‥法律書誌の代表（なお，特に冊子とデータベースの一長一短の説明は重視）
- 「LEX/DB INTERNET」‥‥判例専門のデータベース
- 「日経BP記事検索サービス」‥‥経済・経営関係（データベース）として，電子ジャーナル化されたものが最も多い
- 「ダイヤモンド企業情報」‥‥『週刊ダイヤモンド』が電子化されている
- 「Japan Knowledge」‥‥『週刊エコノミスト』が電子化されている
- 「経済学文献索引データベース」‥‥『経済学文献季報』のデータベース版
- 「有報@革命」‥‥『有価証券報告書』のデータベース
- アジア経済研究所図書館OPACの雑誌記事索引データベース‥‥発展途上国文献調査が目的
- 「日本アメリカ研究文献情報データベース」‥‥日本アメリカ学会が提供している
- 『東洋学文献類目』（冊子体とデータベース版の両方あり）‥‥京都大学人文科学研究所が提供している
- 「NNS国際ニュース」‥‥国際ニュース専門のデータベース

③文献入手法

　現物の入手法は，ステップ2と同じく図書館の相互協力（貸借・文献複写）を紹介したうえで，無料・有料のサイトがあることを伝えます。また，インターネット上から所蔵調査ができる「NACSIS Webcat」を紹介し，自分で調査できることを伝えておきます。

　次に，レポート・論文作成に不可欠な雑誌記事論文索引の「MAGAZINEPLUS」で見つけた雑誌記事や大学紀要の一部

は，契約している有料データベースから現物を入手できることを伝えます。また，大学紀要などを無料で入手できるものとして，「CiNii（サイニイ）」（国立情報学研究所）や「Google Scholar」も紹介します。

④配付資料

ステップ3では，共通した配付資料として次の二つを用意しています。

・「図書・雑誌論文記事・新聞記事探索法の概要図」‥‥2部構成となっている。前半部分は共通レファレンスツールとし，「図書の探し方」「雑誌記事・論文の探し方」「新聞記事の探し方」に分けて，書誌一覧と簡単な解説を付し，調べ方チャートの役割も果たしている。後半部分は学部やゼミの主題に合わせて主題書誌などの一覧と解説を付したものとしている。

・「レポート・論文作成法：誰にでも書ける10のステップ」‥‥ビデオ『新・図書館の達人』第6巻の付録資料をそのまま印刷している。レポート・卒論作成のマニュアルの役割を果たしている。

これら以外にも学部・学科ゼミの主題により，オプション資料として，「法律文献略語表」（手製），『ビジネス調査資料総覧』『日本統計索引』『統計情報インデックス』『人物レファレンス事典』の部分サンプル，「統計表」のサンプルなどを用意します。なお，ステップ2で説明者の手元に用意されるツール「新聞縮刷版」と「大学紀要」のサンプルはここでも用意しておきます。

(4) 卒論のための文献検索法（ステップ4）

　対象者はレベル3修了者です。内容は個々のテーマに基づく卒論のための文献調査法で，対象学年は3年生後期〜4年生後期が中心です。概要は次のとおりです。

①配付資料
  1) ステップ3同様，「図書・雑誌論文記事・新聞記事探索法の概要図」（ゼミの特性に即した資料も添付）と，参考配付資料として「レポート・論文作成法：誰にでも書ける10のステップ」を用意する。
  2) オプション資料は，卒論テーマによって左右される。このステップは卒論指導が主なので，できれば1週間前には申し込み，ゼミの卒論テーマを可能な範囲で提出してもらい，早めに準備に入る。
②配付資料以外の事前準備
  1) 卒論テーマ一覧を1週間前に提出してもらう。
  2) 卒論テーマに基づき，主に図書・雑誌記事・新聞記事データベースを実際に調査。
  3) テーマにふさわしい文献量や学術論文の有無を検証しておく。
  4) 検証により，a. 指導すべき着眼点を整理しておく，b. テーマの中から説明に使えるものを選択しておく，c. 調査した部分は出力（印刷）しておき，終了時に各学生に渡せるように空きスペースに名前とテーマ等を記しておく（おみやげ感が出て喜ばれる）。
③実際の指導
  1) 資料の配付とその確認・説明を行う。

2）学習目的を述べる。
3）個々の卒論テーマを材料に検索デモを行い，ヒット件数，文献の質の見分け方，検索テクニックなどを確認しながら，個々人との会話形式で適量の文献があるかを伝える。人数が多い場合は，卒論テーマの中から説明に必要なモデルを選択しておく。

指導の際には次の点に留意します。
①卒論テーマが適切か（文献が極端に少ないものは卒論が書けない。テーマが大きすぎても文献量が膨大になり，これも書けない）→ 卒論テーマの再検討を促す
②キーワードの立て方の適切性 → 複合検索・類語検索 → 組み立て方によって検索ヒット件数は左右される → 卒論テーマを参考に実際に検索例を見せる

表5　使用される主題レファレンスツールの例

・『日本統計索引』‥‥統計の基本調査ツール
・『日本統計索引・補遺　国別・地域別篇』‥‥上記の姉妹編
・『統計情報インデックス』
・『白書統計索引』
・『人物レファレンス事典』シリーズ
・『業種別業界情報』
・『日経経営指標』
・『産業別財務データハンドブック』
・『商業統計表』
・『市場占有率』
・『現代学習指導法実践事典』
・『社会科指導資料事典』

③書誌データベースと冊子体の両方がある場合は，一長一
　　短があることを伝える
　使用する主題レファレンスツールは，表5に挙げるとおり
です。

6.5 図書館主催の利用指導セミナー（全ステップ）

　図書館主催の利用指導の目的は，ゼミ単位で参加したことがない学生の救済にあります。これにより，四つのステップを基本とした図書館利用教育の情報格差を少しでも是正できます。

(1) 開催時期・時間・場所など
　6月と10月（または11月）の年2回。開催期間は4日間（火曜日から金曜日）。各回とも内容は同じで，いずれか1回に参加してもらうかたちとしています。時間は学生の授業が少ない5限目（16:10～17:40）。場所は図書館内のプレゼンテーションルーム（43席）です。

(2) 「文献調査法セミナー」
　このセミナーは二つの個別テーマから構成されています。

①テーマ（その1）「レポート・論文作成のコツを伝授」
　このテーマの指導内容は次のとおりです。
　①「レポート・論文作成法10のステップ」DVD上映と解説
　②図書の上手な探し方と入手法
　③雑誌記事・論文の上手な探し方と入手法

6章　四つのステップで進める図書館利用教育

表6 使用されるレファレンスツール

本の探し方 ①「NDL-OPAC」図書編（国立国会図書館蔵書目録） ②「BOOKPLUSE」
雑誌記事・論文の上手な探し方と入手法 ①「MAGAZINEPLUS」 ②「CiNii」（国立情報学研究所提供） ③「日経BP記事検索データベース」
新聞記事の上手な探し方と入手法 ①「ファクティバ」（読売新聞，地方紙，世界の英字新聞など幅広い調査ができるデータベース） ②「日経テレコン21」（日本経済新聞4紙）

④新聞記事の上手な探し方と入手法

使用するレファレンスツールは表6のとおりです。

②テーマ（その2）「企業・会社情報の入手法　就活・レポート対策必携!!」

このテーマの指導内容は次のとおりです。

①図書から探す（「NDL-OPAC」使用）

②雑誌から探す（「MAGAZINEPLUS」使用）

③新聞から探す（「日経テレコン21」使用）

④オンラインデータベースから探す（表7参照）

⑤インターネットから探す

6.6 おわりに

亜細亜大学では，できることを一つ一つ積み重ねて現在の

表7　使用されるオンラインデータベースの例

- 「MAGAZINEPLUS」
- 「日経テレコン 21」
- 「Japan Corporate Watcher」
- 「@有報革命」
- 「ファクティバ」
- 「Japan Knowledge」
- 「日経 BP 記事検索サービス」
- 「D-VISION NET for UNIVERSITY」‥‥ダイヤモンド企業情報
- j-net21「中小企業情報統合検索」‥‥無料公開のインターネットサイト

かたちを作ってきました。今後も世の中のニーズに合わせて適宜，見直しを進めていく必要があると考えています。

参考文献
- 毛利和弘「情報リテラシー教育の実践事例と指導上の留意点（情報検索指導を主に）」『短期大学図書館研究』No.28, 2008, p.37-43.

（毛利和弘）

7章 情報検索指導における「良い例題」「悪い例題」(初級編)
― 素材を集め,問題を作り,要点を説明する方法

7.1 はじめに

　図書館による講習会や授業の中で,情報検索についてわかりやすい説明をするためには適切な例題が必要です。しかし,いざ実際に例題を作るとなるとそう簡単にはいきません。インターネットの検索エンジンで検索できる範囲,無料サイトと有料データベースの差,書誌検索と所蔵検索の違い,検索ツールの種類,電子化以前と以後,などの基礎知識を理解してもらうにはどんな例題がよいのでしょうか。どのサイトでどんな検索語と検索式を見せるのが適切なのでしょうか。本章では,これから講習会を始めたい方や改善したい方を対象に,良い例題と悪い例題の実例と,良い例題を作るコツを紹介していきます。

　なお,本章でいう例題とは,主に大学図書館で実施するデータベース講習会で使う解説用の例題と自習用の練習問題をいいます。実例の素材は,主に学術的な概説書や教科書などに掲載されている例題・練習問題からたまたま見つけたもので,原著での掲載意図とは別に,「一般の図書館利用者向けの例題」という視点から取り上げたにすぎません。原著書の価値をおとしめたり原著者を批判中傷したりする意図はまったくありません。

7.2 例題作成の基本

『図書館利用教育ハンドブック　大学図書館版』[1]では，講習会で演習問題を与える目的として，

　①「これは便利だ，使ってみよう」という気持ちを持たせる。
　②「わかった，簡単だ，自分も使える」との自信を持たせる。

という2点が挙げられています。また，設問作成のポイントとして，次の点が指摘されています（p.103-104）。

　①指導目標を明確にする。具体的で焦点を絞った設問にする。
　②利用者の情報ニーズに合致させる。授業，宿題などに関連のあるテーマを取り上げる。教員に設問を作成してもらう，またはヒントをもらう。
　③ニュースやトレンドをうまく取り入れる。
　④レファレンス質問や日常の利用者の行動を観察する。利用者の情報要求に応える設問にする。
　⑤時間配分を考え，こなせる質と量にする。
　⑥利用者の習熟度に合わせる。

さらに，OPAC検索指導については，

　①検索実習問題は参加者の印象に強く残るような設問
　②こんな図書が図書館にあるのかと思わせる問題
　③意外な結果が出てくるような問題

という3点が指摘されています（p.102）。

しかし，そうは言われても，講習会を初めて担当する図書館員には，適切な例題が簡単に作れるわけではありません。実際に作るには，もう少し現場の感覚に即したコツのようなものも必要です。事例を素材にして，そのコツを提示しましょう。

7章　情報検索指導における「良い例題」「悪い例題」（初級編）………89

7.3 例題改善のための13の提案

最初に，例題をより良いものにしていくための提案を一覧にしておきます。

例題改善のための 13 の提案
提案 1　映像・画像を活用する
提案 2　視線のコントロール
提案 3　解けない例題の活用
提案 4　教科書の例題を作り直す
提案 5　電子情報源の便利さ訴求
提案 6　ポータルサイトを教えよう
提案 7　使いにくさを逆手にとって使いやすい例を対比的に見せる
提案 8　浅い問題を深く味わう解説を
提案 9　身近な意外性のある問題に作り直す
提案 10　自分が好きなテーマで例題を作る
提案 11　オリエンテーションと講習会を変える
提案 12　ソースアプローチからプロセスアプローチに変える
提案 13　プレゼンテーションを改善する

以下では，提案のいくつかに触れながら，事例を通して良い例題と悪い例題について考えていきます。ただし，紙幅の都合で提案のすべてに触れることはできません。各提案の内容については過去のセミナーの報告などを参照してください[2]。

7.4 良い例題と悪い例題

(1) 映像を使う例題

最初に「提案1　映像・画像を活用する」について考えてみましょう。

突然ですが，映画『スターウォーズ』を見たとき，ヨーダの登場シーンを見て，依田義賢氏のことを思い出す人もいるかもしれません。『ほぼ日刊イトイ新聞』で糸井重里氏が「ヨーダ＝依田」説を唱えていて，ルーカス来日記者会見の場でその真偽を質問したとき，「ノー」という返事が返ってきたという話もあります。例題を作るとき，こういうネタを取り入れてみるのです。

このネタをもとにして，作った例題が次のようなものです。ただし，この場合，例題を提示する前に，いきなり映画『スターウォーズ』の映像を投影し，それを受けて，上のようなネタについて話をしたうえで，例題に移るという手順で進めます（なお，指導者が録画した映像を授業で利用する場合などには，著作権者の許諾は不要です）。

例題1　イントロに映像・画像を使う例題

依田義賢「談話集録による映画史体系」という論文の掲載誌・巻号・ページを探せ。

正解例

検索エンジンでの簡単な予備調査だけで，以下の情報を得られる。
依田義賢（よだ・よしかた）映画脚本家。溝口健二監督作品の全脚本を担当。大阪芸術大学・映像計画学科長教授。1909年生れ。91年，心不全のため死去。82歳。（「ウィキペディア（Wikipedia）」

7章　情報検索指導における「良い例題」「悪い例題」（初級編）

> http://ja.wikipedia.org/wiki/依田義賢）
> これをもとに「NDL-OPAC」の「雑誌記事索引の検索」を使い，著者名で検索してみれば，この論文の書誌データ（掲載誌・巻号・ページ）は，次のとおりであることがわかる。
> 　依田義賢「談話集録による映画史体系」『映像研究』通号 24 号，p.99-124, 1996

　イントロに映像・画像を使うことによって受講者に興味を抱かせ，楽しい雰囲気や意外感・期待感を醸成できます。また，映像に登場する本を使って表紙や検索サイトの画像を見せることでリアルな臨場感を与えることもできます。受講者の眠気を覚ます効果も絶大で，講習会のツカミとなる第一問として有効です。

(2) 自信を打ち砕く例題

　次は「提案 3　解けない例題の活用」の例です。

　すぐ解ける例題で自信を持たせることが指導における基本ですが，自信過剰なネット中・上級者に対しては一工夫が必要です。例えば「学術雑誌の略名から正式誌名を調べる方法がわからない」という利用者は，しばしば見かけます。

　例えば，青色発光ダイオードで有名な中村修二氏の特許訴訟が話題になったときに，次のような中村氏の業績ページを見つけたとしましょう（「……」は省略を表します）。

……発光デバイスの研究開発に先駆的に取り組み，1993 年に青色，1995 年に緑色の PN 接合型高輝度発光ダイオードの製品化に世界で初めて成功した。……これらの成果として，窒化物系材料成長用新しい MOCVD 装置の実現（Appl. Phys. Lett., 1991），P 型正孔補償機

構を明らかにし，熱処理による P 型 GaN の実現（<u>Jpn.J. Appl. Phys.</u>, 1992），高品質 InGaN 結晶膜成長の実現（<u>Jpn. J. Appl. Phys.</u>, 1992），……

（「総括責任者　中村修二氏の略歴等」
http://www.jst.go.jp/pr/report/report158/nakamura.html）

下線部は学術雑誌の英語省略名ですが，相互貸借（ILL）業務担当経験のある図書館員ならば，雑誌のフルタイトルがピンと来るかもしれません。しかし，学部生・大学院生はそうはいきません。学術雑誌の英語省略名からの所蔵検索は，最も苦手なものの一つです。「ここに掲載されている論文リストの中から，以下の論文を読みたいとしたら，どうすればよいかわかりますか？」と受講生に質問してみれば，ほぼ全員がキョトンとした顔になるのではないでしょうか。

例題2　自信を打ち砕く「解けない」例題

「Appl. Phys. Lett., 1991」の正しい誌名と所蔵館は？
正解例
「NACSIS Webcat」でアスタリスク（部分一致検索）を用いて「appl *△ phys *△ lett *」と検索すれば（△はスペースを表す），正しい誌名（Applied Physics Letters）も所蔵館も判明する。

正式誌名（フルタイトル）も所蔵館も一瞬で検索できる「NACSIS Webcat」を紹介すると，「えっ，そんなことができるの!?」と，自信過剰な学生が身を乗り出してきます。そうなったらこっちのものです。

悪い例題は，情報検索をナメている学生の過剰な自信を放置したまま，成長の機会を与えません。良い例題は，過剰な

自信を打ち砕き,学習意欲を喚起します。

(3) 楽しさ,便利さを体感してもらう例題

もちろん,文献検索の初心者を脅かすだけではいけません。検索の楽しさ,便利さを体感してもらう例題が必要です。例えば,こんな例題はどうでしょうか。

例題3 書誌データを得る最短経路を実感させる例題

ウォラーの『マディソン郡の橋』の文春文庫版の書誌データを確認したいとき,どう検索するのが早道か？
正解例
「Amazon.co.jp」では,タイトルの「マディソン郡の橋」と入力しなくても,「郡」と入力するだけで下記の情報が得られる。
〈売れている順〉
ロバート・ジェームズ ウォラー（著） マディソン郡の橋（1997/09）文藝春秋　文春文庫

検索サイトを開いてから,実にわずか6回の操作（キータッチまたはクリック）で知りたい情報に到達できます。インターネットの便利さ,快適さを爽快に体感してもらえるはずです。

悪い例題は長い文字列をマジメにタイプさせることで面倒くさいという印象を強化してしまいます。良い例題は最小の文字数で「ジャストミート」することで時間短縮のコツを実感させます。「提案5　電子情報源の便利さ訴求」の一例です。

(4) 翻訳図書を探す例題

つづけて「提案 5　電子情報源の便利さ訴求」の例を挙げてみましょう。

例えば司書課程の授業では，翻訳図書を探す例題として，各種の冊子体（印刷物）の検索ツールを実際に手に取って知ってもらうことが欠かせません。しかし，一般学生に対しては，もう少し便利なインターネットを使うことを奨励したいと思います。

次の例題は，ある教科書から借りたものです[3]。

例題 4　書誌データを調べる例題

スティブンソン『ジィキル博士とハイド氏』（佐々木直次郎訳）の文庫版の出版社は？

同書の解答例は，「『翻訳図書目録』で，スティブンソンから当たることによって，スティブンソン『ジィキル博士とハイド氏』新潮社, 1950（新潮文庫）と判明」となっています。

もちろん，『翻訳図書目録』や『明治・大正・昭和翻訳文学目録』『全集・合集翻訳図書目録シリーズ』などの印刷版（冊子体）のツールを利用して調べる方法も有効です。しかし，一般の学生には，これらのツールはほとんど馴染みがないものです。もしもインターネット上で簡単に調べられれば，図書館へ出向いて，重いツールのページをめくるという作業をしなくてもすみます。

インターネット上の検索サイトで同じ結果に到達できないかどうかを試してみましょう。

> **例題4（つづき）**
>
> **正解例1**
> 「Google」で「スティブンソン　ジィキル博士　ハイド氏　佐々木直次郎」で検索してみるとすぐに各社文庫版の書誌データを見つけられる。
>
> **正解例2**
> 「NDL-OPAC」の「一般資料の検索」で，著者・編者＝「佐々木直次郎」，タイトル＝「博士」として検索すれば，ノイズなしで以下の書誌データに到達できる。
> 　スティブンソン『ジィキル博士とハイド氏』新潮社，1950（新潮文庫）
>
> **正解例3**
> 「Amazon.co.jp」で「ハイド氏　佐々木直次郎」で検索すると，次の結果が得られる。
> 　1. [オーディオブックCD] ジキル博士とハイド氏の怪事件　スティーヴンスン／佐々木直次郎訳(CD - 2008/1/29)新品：¥2,940
> 　2. ジーキル博士とハイド氏（1950年）（新潮文庫）スティーヴンスン　佐々木 直次郎（- - 1950）
>
> **参考例1**
> 「紀伊國屋書店BookWeb」で「佐々木直次郎」で検索すると，次の結果が得られる。
> 宝島 新潮文庫 (改版) ロバート・ルイス・スティーヴンソン／佐々木直次郎／新潮社　1997/07　¥539（税込）

「Amazon.co.jp」では，同じ新潮文庫という表記であるにもかかわらず，著者は「スティーヴンスン」，書名は「ジーキル博士……」となっています。「NDL-OPAC」とはまるで異なる書誌データといってもいいくらいです。「紀伊國屋書店BookWeb」では，「ハイド氏　佐々木直次郎」で検索した

場合には『ジーキル博士……』はヒットしません。同じ商用サイトでも，古書は検索できない点が「Amazon.co.jp」とは異なることがわかります。ヒットしたのは同じ新潮文庫版でも新版の『宝島』ですが，著者名は「スティ・ーヴンソ・ン」という表記になっています。「ー」（長音）ではなく「-」（ハイフン）となっている点に注意が必要です。このような，いわば各検索サイトの「癖」と呼べるレベルの差異については，初心者には煩雑で面倒な印象を与えかねません。むしろ，表記に揺れのありそうな語を上手に回避して，揺れのない語を選んで検索する方略（strategy）を教えれば，プロの技を見せる機会になります。逆に，例えば司書課程などで検索サイトごとの差異を学習させることが目的であれば，上記の例題は格好の素材になるはずです。

(5) 目次を探す例題

もう一つ「提案5　電子情報源の便利さ訴求」の例をみていきましょう。

雑誌の目次を見たいという利用者は少なくありません。こういう例題はどうでしょうか。

　　雑誌『理想』の過去の目次が見たい。

これは司書課程・司書講習の授業向け教科書から引いた例題ですが[4]，同書では「『日本雑誌総目次要覧』（天野敬太郎，深井人詩，日外アソシエーツ，1985，515p）を調べると，500号と600号に目次が出ていることがわかる」とされています。しかし，このツールに目次自体が出ているわけではありませ

んから，結局，『理想』の現物に当たらなければなりません。一般向けに目次探しの例題を作る場合は，論文索引データベース，例えば「NDL-OPAC」の「雑誌記事索引の検索」の便利な使い方を見せるほうがずっと効果的でしょう。

例題5　雑誌の目次を一瞬で一覧できる例題

　以下の論文が掲載されている号の目次を見たいがどうすればよいか？
　　論題：人工心臓（特集　人工臓器とその周辺　現状と展望）
　　著者：西村元延，松田暉
　　雑誌名：医学のあゆみ　　出版者・編者：医菌薬出版
　　巻号・年月日：188(6)（通号2235），1999.02.06
　　ページ：692〜698　　ISSN：0039-2359

正解例

「NDL-OPAC」を利用して，雑誌名＝「医学のあゆみ」，巻号＝「188 6」と入力すると，目次を一覧できる。

　冊子体（印刷物）のツールを使うよりも，こちらのほうが圧倒的に早いでしょう。ただし，「188(6)」と記載どおりに入力してしまうとヒットしないのが難点ではあります。

　悪い例題は電子版で簡単にできる検索をわざわざ冊子版で行い，面倒くさいという印象を残してしまいます。良い例題は冊子版ならではの守備範囲で，電子版だけではカバーしきれない領域を扱い，固有の検索ツールとしての便利さを印象づけます。冊子版と電子版が並存する状態では，電子版の優位性を強調し，上手な使い分けを示唆しておくことが重要です。

(6) ヒットしないはずがない例題

　利用者はよく「ヒットしない」ので所蔵されていないと即断してしまいます。図書館員は「あるはずだ」という確信から出発します。この差はどこから来るのでしょうか。実例を見てみましょう[5]。

> エンデ『ジム・ボタンの機関車大冒険』の原著のタイトルを調べてください。
> **解答例**
> 国会図書館 NDL-OPAC：ヒットせず
> NACSIS-WebcatPLUS：一致検索「ジム　ボタン　機関車大冒険」

　「NDL-OPAC」では「ヒットせず」となっているのを見て，図書館員ならすぐに「そんなはずはない」と直感するはずです。納本制度に支えられている国立国会図書館に有名著作の日本語訳書が所蔵されていないはずはないからです。なお，「WebcatPlus」の特徴を説明するためなら，「一致検索」ではなく「連想検索」も紹介してほしいところです。

　悪い例題はすぐに「ない」と結論し，良い例題は「ある」という信念に基づいて検索語と検索式を工夫することで，「ない」と即断しがちな原因を理解させます。「提案4　教科書の例題を作り直す」の例です。

(7) フレーズ検索の例題

　「提案4　教科書の例題を作り直す」の例を続けます。

　AND検索とフレーズ検索の違いを説明するときは，どういう例題がふさわしいでしょうか。ある大学生向けの教科書には，

> 検索語句がそのまま含まれるページを探すにはダブルクォーテーションマーク「" "」でくくる
> 例）"kyoto protocol"

という記述があります。そのうえで，1200万件が900万件に絞れたとの説明があります[6]。

しかし，この数字はどちらも大きすぎて，一般読者にはピンと来ないのではないでしょうか。両者の差がはっきりしないのです。また，「検索語句」や「フレーズ検索」という用語の意味がわかりづらいかもしれません。

例題6　フレーズ検索が圧倒的な絞り込み力を発揮する例題

次の論文を入手するにはどうすればよいか。
Harry M. Flechtner, The Several Texts of the CISG in a Centralized System: Observations on Translations, Reservations and Other Challenges to the Uniformity Principle in Article 7(1), 17 J.L. & Com. 187 (1998)

こういうレファレンス質問は，大学図書館ではよくあるものでしょう。そんなとき，論題のフレーズ検索，すなわち"Several Texts of the CISG "で検索すると，ズバリ全文閲覧可能なページに到達できます。フレーズ検索の威力を直観的に理解させる例題です。

悪い例題は検索機能に差があるのかないのかわかりにくいのに対し，良い例題は圧倒的な差を実感させます。

7.5 例題を活かす工夫

例題というものは，それだけが唐突に提示されることはありません。指導の場で，前後の文脈の中で，プリントやスクリーンなどの上に提示されます。せっかく作った例題が確実に活かされるには，その前提になる条件を整備することも忘れられてはいけません。図書館の現場で特に必要な点を整理・確認しておきたいと思います。ここでは，3点にまとめてみます（提案11～13）。

(1) オリエンテーションと講習会を変える

オリエンテーションと講習会のあり方全体を見直してみるべきでしょう。特にプログラムの企画・構成・時間配分・演出などを根本的に変えてみることが必要かもしれません。各種イベントの中で，図書館による指導サービスが扱う領域が情報の探索法から整理法・表現法へと広がっていることを利用者に理解してもらい，機会あるごとに情報リテラシー教育のプロとしての司書の専門性を関係者に強く印象づけることを心がけるべきです[7]。

(2) ソースアプローチからプロセスアプローチに変える

情報源を羅列して紹介するだけの座学をやめて，実用的な目的別の手順を重視する姿勢をとるようにしたいものです。探索過程の前後の広がりを印象づけ，メタ認知能力を獲得できるよう支援する必要があります。

(3) プレゼンテーションを改善する

同じ例題でも，無造作に「見せる」のではなく「魅せる」ようにし，「説明する」から「理解させる」へと，図書館員への共感を呼び起こすように，プレゼンテーションの技法を意識して工夫することが必要です[8]。

7.6 良い例題を作るコツ

(1) 理論的根拠を意識する

自分の経験と感覚だけに頼る自己流は危ういものです。理論的根拠として，「図書館利用教育ガイドライン　大学図書館版」[9]の目標と方法，『図書館利用教育ハンドブック　大学図書館版』にある指導のポイントなどを意識的に応用する姿勢が必要です。

(2) 例題づくりの意識を日常的に持つ

現場の図書館員であれば，そうした理論だけでなく日常の利用者対応の経験から，利用者のつまずき点を想像することができるでしょう。自己研鑽や共同研究などの機会を通して，さまざまな例題や練習問題の類に遭遇することでしょう。そのときに，講習会の例題に使えないかという意識を持っていることが有効です。教科書の例題をそのまま使えるかどうかを試すだけでなく，例題として作り直すための素材として眺め直すという視点が重要です。モニターとなってくれる友人・知人のネットワークを作って，実際に試す前に「内輪」でチェックしあうことができるようにしておくのもよいでしょう。

(3) 素材の集め方を工夫する

上述のような例題の検討や作り直しの作業については，多忙な現場の図書館員にとって，そこまで時間を捻出できないというのが正直な感覚でしょう。しかし，そんなに面倒で手間のかかる作業なのか，考え直してみる価値はあります。実は，素材の集め方の一番のコツは，「わざわざ集めない」という点にあります。素材は，業務の中で自然に貯まるものでも十分です。例えば，選書，リクエスト，相互貸借（ILL）申込書，レファレンス記録などを，例題作りという観点から眺め直してみましょう。利用者が検索の途中でつまずいた事例には事欠かないのではないでしょうか。見方を変えるだけで，業務の記録は「宝の山」に変わるのです。また，自分の個人的な研究の資料や趣味の話題も役に立ちます。自分が詳しい分野であれば，例題も作りやすいからです。

7.7 結論－例題は聞く人の気持ちで作る

良い例題を作って，効果的に提示し，説明するには，情報検索の専門知識だけではなく，知識の「噛み砕き力」や，わかりやすい説明の技術，文字と画像の編集力，ビジュアル表現のセンスなども必要になります。さらに，プロの図書館員の目ではなく，初心者の目で見直してみる必要があることも忘れてはなりません。初心者がつまずくポイントをあらかじめ想像することができれば，つまずかないような例題に修正するか，つまずきの難所を乗り越えられるように適切なヒントを付けることに思い至るはずです。結局，何より必要なのは，初心者の内面へのリアルな想像力なのです。

まとめに代えて，サン＝テグジュペリの言葉を贈りたいと思います。「おとな」を「図書館員」，「こども」を「初心者」と読み替えてみてください（傍点筆者）。

　おとなはだれも，はじめはこどもだった。しかしそのことを忘れずにいるおとなはいくらもいない。
（サン＝テグジュペリ『星の王子さま』
内藤濯訳，岩波書店，1953）

7.8　おわりに－今後の展望

　図書館員がデータベース講習会の講師役を担当することが増えてから，例題をどう作ればよいのか，どういう説明をすれば理解してもらえるのか，といった実践的な課題が浮上してきました。適当に思いついた例題で適当に教えれば学生がわかってくれる，ということはありえません。あるデータベースの特徴を的確に説明しようと思えば，その目的に最も適った例題を使って説明する必要があるのです。

　ただし，良い例題を作ることができれば講習会がうまくいくかといえば，もちろん，そうとはいえません。最適な例題を用いることのほかに，学ぶ側のニーズとレベルに合わせる，教えたい項目を絞る，上手に説明する，という条件が必須です。つまり，例題作りはプレゼンテーション技能とセットになってはじめて機能するのです。

　筆者は，経験を重ねながら蓄積してきた教訓を各所で発表させていただく中で（第11章参照），講習会で扱う例題への関心の高まりを実感しています。しかし，同時に，このこと

は図書館員の間で例題の作り方や説明の仕方についてのノウハウがあまり共有されていないという現状を表してもいるでしょう。「例題」というテーマは，図書館員の経験年数や習熟度別のクラスごとに，あるいは分野ごとに，さまざまな講師を招いてセミナーを企画・実施してもよいくらいの切実な課題であると思われます。今後の全国的な取り組みの発展が期待されます。

　なお，本稿は初級編です。紙幅の関係で，中級編と応用編については，別の刊行機会に譲ります。

注・引用文献
1) 　日本図書館協会図書館利用教育委員会編『図書館利用教育ハンドブック　大学図書館版』日本図書館協会, 2003.
2) 　日本図書館協会図書館利用教育委員会「第6回『図書館利用教育実践セミナー』報告」[http://www.jla.or.jp/cue/friday6_f.html]
3) 　毛利和弘『文献調査法：調査・レポート・論文作成必携：情報リテラシー読本』日本図書館協会（発売), 2004, p.51-53.
4) 　大串夏身『レファレンスサービス演習』(JLA図書館情報学テキストシリーズ　第5巻) 日本図書館協会, 1997, p.127.
5) 　高鍬裕樹『デジタル情報資源の検索　2005年版』(情報検索演習資料集第2号) 大阪教育大学生涯教育計画論講座, 2005, p.106-107. なお, 2007年の増訂版ではこの例題は掲載されていない。2009年の増訂第2版は大幅に改訂され，使いやすくなっている。
6) 　北尾謙治ほか『広げる知の世界：大学でのまなびのレッスン』ひつじ書房, 2005, p.70.
7) 　専門性の訴求については次も参照。仁上幸治「学術情報リテラシー教育における広報イメージ戦略：司書職の専門性をどう訴求するか」『情報の科学と技術』Vol.55, No.7, 2005, p.310-317.
8) 　オリエンテーションの技法については次も参照。仁上幸治「大学図書館員のためのオリエンテーション技法：印象づけを重視した構成・演出の改善の試み」『医学図書館』Vol.52, No.1, 2005, p.15-24.

9) 1) の文献に所収。

参考文献
・「アリアドネ」[http://ariadne.jp/]
・井上真琴『図書館に訊け！』筑摩書店，2004.（ちくま新書）
・大串夏身『チャート式情報アクセスガイド』青弓社，2006.
・岡本浩一『上達の法則：効率のよい努力を科学する』PHP 研究所，2002.（PHP 新書）
・実践女子大学図書館「インターネットで文献探索」[http://www.jissen.ac.jp/library/frame/index.htm]
・田中共子『図書館へ行こう』岩波書店, 2003.（岩波ジュニア新書）
・日本図書館協会図書館利用教育委員会編『図書館利用支援ガイドライン　合冊版：図書館における情報リテラシー支援サービスのために』日本図書館協会，2001.
・「図書館サービス計画研究所」[http://tosaken.blogspot.com/]
・仁上幸治「情報リテラシー教育と新しい図書館員像：『新・図書館の達人』から『図書館利用教育ガイドライン』まで」『館灯』No.41, 2003, p.39-52.
・仁上幸治「電子パスファインダをどう作るか：情報探索支援ツールの企画から公開まで」『短期大学図書館研究』No.25, 2005, p.59-70.
・仁上幸治「デジタルリソースのフル活用へ向けて：講習会の刷新とオンデマンド教材の開発」『館灯』No.46, 2008, p. 22-38.（私立大学図書館協会西地区部会東海地区協議会研究会講演記録, 2007.12.04, 名古屋ガーデンパレス）
・仁上幸治「文献調査法の専門分野別最先端情報の共有へ向けて：研究室内知識伝承者を養成するインストラクター講習会の試み」『ふみくら』No.77, 2008, p.4-5. [http://www.wul.waseda.ac.jp/Libraries/fumi/f_index08.html]
・仁上幸治「もっと明るく楽しいメディアリテラシー教育を」『学図研ニュース』No.277, 2009, p.11-15.
・「仁上幸治ホームページ」[http://wwwc.dcns.ne.jp/~bbutler/~nikami-

home/]
- 「野口悠紀雄オンライン」[http://www.noguchi.co.jp/]
- 畑村洋太郎『「失敗学」事件簿:あの失敗から何を学ぶか』小学館, 2006.
- 藤田節子『キーワード検索がわかる』筑摩書房, 2007.(ちくま新書)
- 吉田新一郎『効果10倍の〈教える〉技術:授業から企業研修まで』PHP研究所, 2006.(PHP新書)

(仁上幸治)

付録　例題の良し悪しの比較対照

#	項目	悪い例題	良い例題
1	間違った自信	放置する	打ち砕く
2	学習意欲	低下させる	向上させる
3	紙版の扱い	根拠なく優先	守備範囲を明確に
4	電子版の扱い	便利さが曖昧	圧倒的な便利さを実感
5	提示方法	文字ばかり	映像・画像
6	データベースの紹介	便利さより面倒くさ	プリント版では不可能な利便性
7	ヒットするかしないか	すぐ「ない」と結論する	「必ずあるはず」という信念
8	検索語と検索式	思いついたものだけ	あれこれ工夫する
9	システムの不備	弱点として説明	乗り越える迂回路を提示
10	有力サイト	暗記を強要	たどり着き方を教える
11	正解の提示	一例だけ	複数の可能性も
12	起点	検索エンジン一本槍	ポータルサイト
13	検索語の入力	長い文字列を愚直にタイピング	限定力のある短い文字列でジャストミート
14	オンライン書店比較	特徴を文章で説明	特徴の出る検索例で

15	検索結果と次の検索	一話完結	連続ワザ
16	ヒットしなかった場合の説明	ヒットしない例題を探す	仮定で進める
17	フレーズ検索	差が一応わかる程度	圧倒的な限定力を見せる
18	ショートカットキー	説明しない	検索の流れの中で便利さを見せる
19	メモ帳	説明しない	コピペで保存して文献リストを作る素材にする
20	日本語論文検索ツール	雑誌記事索引(書誌データのみ)	CiNii(抄録・全文リンクつき)
21	NACSIS Webcat	簡単にヒットするタイトル	よくつまずく略誌名から
22	ジェンダー視点	無自覚ぶりを露呈	しかるべき人にチェックを頼む
23	品位	下品なウケ狙い	適度に上品
24	理論的根拠	経験主義と思いつき	利用者教育と指導法の理論
25	オリエンテーション	旧態依然のイメージ	斬新なイメージ
26	講習会	効果不明	効果抜群
27	プレゼンテーション	配付資料主体	スライドショー主体
28	スライド	配付資料をそのまま貼り付け	読みやすさ優先
29	指示語	「これ」の連発(どれ?)	「この○○ボタン」と指示
30	文字色	モノクロ(または使いすぎ)	適度にカラフル
31	固有名詞・データベース名・ボタン名	地の文と区別なくベタ打ち	《　》などの記号で区別
32	図書館員の専門性	怪しい印象	プロの印象

8章 学習支援・教育支援としての指導サービス
―日米における事例

8.1 大学図書館における学習・教育支援

　1990年代に入って,日本の大学では,18歳人口の減少,グローバル化の進展を背景として,教育の質保証をめざした大規模な教育改革が進められています。その中で,予習や復習の指示を与えることによって1単位あたり45時間の教室内外の学習量を確保しようとしたり,レポートや口頭発表など,課題探求型の学習を組み入れて学生の主体的な学習を促そうとしたりする取り組みが増えるようになりました。

　大学における学生の学習活動や教員の教育活動を支援するために,大学図書館には,多様な資料や情報を収集したり組織化したりすることに加えて,これらが十二分に活用されるような指導サービスのあり方を検討することが求められます。本章では,指導サービスを,学生を対象とする学習活動の支援(学習支援)と教員を対象とする教育活動の支援(教育支援)に分け,それぞれについて日米の大学の事例を紹介し,支援の要点を整理して述べます。学習支援の事例は,三重大学の初年次セミナーにおける図書館ガイダンスと,米国のアーラム・カレッジ(Earlham College)における科目関連の情報利用指導(以下,科目関連指導)です[1]。教育支援の事例は,アーラム・カレッジにおける図書館サービスの案内状と,長

崎大学における新任教員のガイダンスおよび教材開発のワークショップです。最後に，図書館関係者が学習支援および教育支援をよりよく実施するための今後の課題を整理して述べます。

8.2 学習支援－学生の学習活動の支援

(1) 初年次セミナーにおける図書館ガイダンス
①初年次セミナーの学習内容

　初年次教育は，高校からの円滑な移行を図り，大学における学問的・社会的な諸経験を成功させるために，主に大学の新入生を対象として編成される教育プログラムです。

　初年次教育の重要性が指摘されるようになった背景として，大学への進学がユニバーサル化したことにより，大学進学への動機も関心も持たない学生が増加し，主体的な学習その他の活動が奨励される大学に戸惑うことが多くなったこと，学習上の悩みを抱える比率が幾分高い大学進学の第一世代（親や家族に高等教育の進学経験者がいない学生）が増えたことなどがあるといわれています[2]。

　これらの問題を解決する一つの手段として，初年次セミナーを開講する大学が見られるようになりました。主な初年次セミナーとして，東京電機大学の「フレッシュマンセミナー」[3]，法政大学の「基礎ゼミ」[4]，名古屋大学の「基礎セミナー」があります。初年次セミナーの内容は大学によって異なります。主な内容として，大学生活の過ごし方，時間の管理法，学習スキルなどがあります。学習スキルの主な内容として，ノートの取り方，図書館の利用法，テキストの読み方，要約

の仕方，レポートの書き方，発表の方法などがあります。多くの大学が，初年次セミナーに図書館利用に関する内容を組み入れています。

②三重大学の初年次セミナーにおける図書館ガイダンス

三重大学では，2009年度より「『4つの力』スタートアップセミナー」という2単位の初年次セミナーを開講しています。「4つの力」は，三重大学の教育目標です。感じる力，考える力，コミュニケーション力，生きる力から構成されます[5]。本科目の授業計画は表1のとおりです[6]。授業計画では，テーマの設定，情報の探索，整理，表現，評価という情報利用プロセスを15回に配分しています。

表1　三重大学「『4つの力』スタートアップセミナー」の授業計画

第1回	大学の学びへの招待
第2回	ノートづくりの方法
第3回	テーマを設定する方法①
第4回	テーマを設定する方法②
第5回	レポートの骨組みを作成する方法
第6回	情報を探索する方法①：図書館を用いた情報の探索法
第7回	テキストを読み取る方法
第8回	情報を探索する方法②：ヒトやモノから情報を得る方法
第9回	発表する方法
第10回	大学で学ぶとは
第11回	レポートを作成する方法
第12回	グループ発表①
第13回	グループ発表②
第14回	学習活動を評価する①
第15回	学習活動を評価する②（後期）

「4つの力」スタートアップセミナーでは，図書館ガイダンスを第6回の授業に組み入れています[7]。第6回に図書館ガイダンスを組み入れた理由は，一般に，課題のテーマを設定した直後が情報利用への動機づけが最も高く，学習効果が最も高い時期（教える好機）であると考えられているためです。第3回から第5回の授業で各グループが取り組む課題のテーマを決定しますので，その直後である第6回の授業に図書館ガイダンスを設定しています。

　第6回の学習目標は次の四つです。

　①図書館の三大資源を挙げ，それぞれの役割について説明することができる。

　②大学図書館で利用できる主なサービスについて説明することができる。

　③資料や文献を公正に利用する必要性を理解し，その根拠を説明することができる。

　④図書館を実際に利用して，必要な文献を探索することができる。

　第6回の授業は前半の講義と後半の図書館ツアーからなります。前半の講義では，科目の担当教員が，最初に大学内にある学習支援環境の全容を示し，その一つに大学図書館があることを説明します。そして，大学図書館にあるものとして，カウンター，書架，資料，情報検索用のコンピュータ，コピー機，閲覧室，学習室等を説明します。この中で，図書と雑誌の違いを説明します。次に，図書館の三大資源は，資料（一次資料），資料を探す道具（二次資料），図書館員であることを説明します。その中で，一次資料として図書資料，非図書資料ともに多様な資料があること，大学生として二次資料を効

果的に利用できるようになることが重要であること，不明な点があればいつでも図書館員に尋ねられることを説明します。次に，大学図書館が提供するサービスについて，閲覧，貸出に加えて，予約，購入リクエスト，相互貸借，複写，レファレンスサービス等があることを伝えます。最後に，複写と引用に関する著作権法の条項，日本十進分類法（NDC）の構造（階層構造）について説明します。

　講義の終了後には，情報リテラシーを担当する2名の図書館員が，25名の学生を2グループに分けて図書館ツアーを実施します。ツアーの目的は，学生が，図書館が所蔵する資料，設備の利用方法やサービスについて知ることにより，図書館に親しみを持ち，これを利用しやすくなることです。ツアーで説明する内容は，図書，雑誌，新聞それぞれの特徴と配架場所，図書の読み方（書名，目次，奥付，索引），サービスの窓口，グループ学習室の場所などです。必要に応じて，配布した利用案内のリーフレットや図書館に関する用語の一覧表を示しながら説明をします。図書館ツアーの終了時には，大学図書館および図書館員に対する学生の印象の変化を把握するために，アンケートを実施します。アンケートの項目は次のとおりです。

・これからの学習研究の中で，図書館は役立つと思いましたか？
・主な資料の種類と置き場所がわかりましたか？
・ツアーで一番印象に残ったことを教えてください。
・図書館員に対する印象は，ツアーで変わりましたか？
・図書館ツアー全般に対する感想をお聞かせください。

　第6回の授業の教室外の課題は，附属図書館内に所蔵され

た資料を探索して，書誌情報を記録するというものです。対象とする資料は，図書3冊，雑誌2冊（掲載されている主な論文の記録を含む），新聞2紙（掲載されている主な記事の記録を含む），参考図書2冊です。書誌情報の読み取りに不慣れな学生が多いと考えて，記録に必要となる書名や著者名等の情報の枠組みを記したワークシートを配付しています。

③初年次セミナーにおける図書館ガイダンスを実施するときの要点

図書館ガイダンスを実施するときの主な要点として，実施時期，科目全体の学習プロセスと図書館ガイダンスの関連づけがあると考えられます。

実施時期について，教員は学期始めに実施することによって学生が学期を通じて図書館を利用するようになると期待しがちです。しかし，入学直後の学生は，多様なガイダンスを受けたり，慣れない履修登録に戸惑っていたりするために，図書館ガイダンスの内容を十分に理解する余裕がありません。キャンパスにおける附属図書館の位置と貸出カウンターの位置など最も基本的な事項以外については，学期始めに説明しても十分に理解されないと考えられます。初年次セミナーにおいて口頭発表やレポートを課している場合には，取り組む課題のテーマを決定した直後（教える好機（teachable moment）であると言われています）に実施するのが有効です。

科目全体の学習プロセスとの関連づけについて，各回の授業で情報の利用が必要な場面において，教員が学生に情報利用の重要性を伝えたり，確認したり，促したりすることが重要です。情報を必要とする場面で教員が学生に適切な指示を

与えられるように，情報探索，情報整理，情報表現からなる情報利用のプロセスの全体と，個々の場面で与える指示について，図書館員が教員に説明したり手順を示したレジュメ等を渡したりしておくのが有効です。

(2) 科目関連の情報利用指導
①科目関連の情報利用指導の概要
　科目関連の情報利用指導（科目関連指導）は，特定の科目を学習する過程で必要となる情報探索法・整理法・表現法に関する指導のことで[8]，「学科関連指導」とも言われます。通常は，教員が図書館員に要請し，図書館員が授業時間の一部を用いて学生を指導します。

②アーラム・カレッジにおける科目関連の情報利用指導
　アーラム・カレッジでは，教員と図書館員が連携して学習効果の高い科目関連指導を実現しています。科目関連指導の手順はクラスごとに異なりますが，その多くは次のように進められます。
①図書館員は，学期が始まる2～3週間前にウェブ上で公開されている講義要綱のうち，自分が担当する専門分野の科目からレポートやグループ研究を課す科目を抽出する。
②図書館員は，①の科目の担当教員に，図書館員による支援が必要であるかどうかを電子メールで尋ねる。支援が必要になる場合には，教員がこの図書館員にシラバス（原案）を送付する。
③図書館員は，送付されたシラバスを読み，必要に応じて教員と連絡を取りながら，課題のテーマについて理解を

8章　学習支援・教育支援としての指導サービス………115

深める。そして，教員と相談のうえ，科目関連指導の実
　　施日を決定する。
　④図書館員は，課題のテーマに関する冊子体の一次資料や
　　二次資料，データベースを検討してパスファインダーを
　　作成する。教員は科目関連指導の日時等の情報をシラバ
　　スに加え，学生に配布する。
　⑤図書館員は，パスファインダーにデータベースへのリン
　　クを組み入れ，これをウェブ上で公開する。
　⑥科目関連指導の当日には，図書館員が，⑤のパスファイン
　　ダーを示しながら，冊子体の一次資料や二次資料，デー
　　タベースを用いた情報の探索法や入手法について説明する。
　科目関連指導を実施する場所は，図書館の閲覧室の一角にある学習支援コーナーです。ここには，16台のコンピュータに加えて，プロジェクターとスクリーンが整備されています。図書館内で科目関連指導を実施する理由は，学生が実際に情報を利用する場所で指導することが重要であると考えるためです。また，図書館の教育的役割を学生により強く印象づけるというねらいもあります。

③科目関連の情報利用指導を実施するときの要点

　科目関連指導を実施するときの主な要点として，課題探求型の課題の支援，教える好機における実施，課題のテーマに関する支援があると考えられます。
　まず，どの科目のどの課題についても学習支援の対象となる可能性がありますが，課題探求型の課題に焦点をあてて支援することが有効です。具体的には，レポートや口頭発表を課す科目です。一般に，課題探求型の課題を与える科目では，

多様な情報の探索を必要とするために，講義型の科目よりも情報利用に関する動機づけが高く，学習支援についてより高い学習効果を得ることが期待できます。

　次に，学習支援の学習効果が最も高まる，教える好機に実施することが重要です。多くの教員は学期の始めに学習支援を実施することを希望しますが，学生は実際に情報を利用する必要を感じたときでなければ学習支援の内容を十分に理解しません。図書館員の経験から，教える好機は課題探求型の課題のテーマを設定した直後であると考えられます。図書館員は事前に教員と相談をして，学生が課題のテーマを設定した直後に学習支援を実施するように計画することが重要になります。

　最後に，情報探索に関する一般的な説明ではなく，課題のテーマに関する情報を探索するために有用な資料やデータベースについて説明することが重要です。与えられた課題を完成させるためにどの資料を用いたらよいのか，また，どのデータベースをどのような検索式で探索したらよいのかを説明することによって，学生は情報探索を自分の問題としてとらえやすくなります。図書館員は，科目の内容や課題のテーマについて理解を深めるために，事前にシラバスを読んだり，不明な点を教員に尋ねたりすることが重要になります。支援対象となる科目の授業を聴講することも有効です。

8.3　教育支援−教員の教育活動の支援

(1)　アーラム・カレッジにおける図書館サービスの案内状

　新任教員のための図書館サービスの案内状は，図書館長が

カレッジに着任した教員に送付する図書館サービスについて説明した手紙です。案内状では，授業で必要となる文献を図書館が購入できること，図書館員がいつでも相談を受けられることを伝えています。

案内状を送付する目的は，新任教員に図書館とレファレンスサービスの存在を印象づけるためです。アーラム・カレッジで案内状を送付するようになったのは，「新任教員が着任時にカレッジ関係者から何らかの歓迎を受けたら嬉しいのではないか」と当時の図書館長が提案したためです。新任教員が着任する情報については，各部局の担当者から図書館に連絡するように依頼をしています。1970年代から現在までに，すべての新任教員に案内状を送付しています。多くの教員が，この案内状によって，図書館が自分たちの教育活動を支援しようとする友好的な機関であると認識しています。

(2) 新任教員ガイダンスにおける図書館サービスの案内
①新任教員のオリエンテーション

日本では，大学院設置基準が2007年に，大学設置基準が2008年に相次いで改定され，各大学においてファカルティディベロップメント（FD）を実施することが義務になりました。FDは，教員が教育内容・方法を改善し，向上させるための組織的な取り組みであると一般に理解されています[9]。FDの対象となる範囲は広く，個々の教員による授業運営を対象にするもの，カリキュラムやプログラムを対象にするもの，大学のマネジメントや教育環境を対象にするものなど，多岐にわたります[10]。

近年，日本においても，新任教員のFDとして大学の理念，

教育研究,就業規則等について新任教員に説明するガイダンスを実施する大学が見られるようになりました。ガイダンスの一部に,情報処理センターが提供するサービスや,学生のメンタルヘルスに関する説明とともに,図書館が提供するサービスの説明を組み入れる大学も見られます。三重大学においても,2009年度より,授業デザインに関する新任教員のためのガイダンスの一部に,図書館関係者によるサービスの案内(所要時間5分)を組み入れています[11]。

②長崎大学の新任教員オリエンテーションにおける附属図書館の案内

長崎大学では,4月の初頭に新任教員FDとしてガイダンスを実施しています。2007年度に実施した新任教員ガイダンスの内容として,就業規則,科学研究費補助金の申請手続き,ハラスメントの防止に加えて,図書館の利用方法,学内の情報ネットワーク環境等に関する説明があります。就業規則等に関する説明については,主に人事課が担当しています。図書館の利用方法に関する説明については,学術情報管理課の課長が担当しています。10分の時間を用いて,配布した図書館報を示しながら,図書館サービスの全容について説明します。

③長崎大学の授業実践FDにおける図書館サービスの説明

長崎大学では,前述の新任教員のためのガイダンスとは別の機会を設けて,新任教員がPDCAサイクルを理解し,継続的に授業改善に取り組むための基本的な方法とその支援体制を知ることを目標として,5月の初頭に授業実践FDを実

施しています。

　2007年度には，最初に，教育担当の理事が長崎大学の教育目標と教育改善の取り組みの全容について説明し，次に，大学教育機能開発センターのスタッフがPDCAサイクルの仕組みと授業づくりの方法について説明しています。その後，附属図書館の学術情報サービス課の課長が「附属図書館の役割：教育支援のために」という題目で，サービスの概要，購入リクエスト制度，フロアの活用（ライブラリ・ラウンジなど），各種データベース，図書館ガイダンス等の学習支援について説明しています。所要時間は20分です。附属図書館以外の説明として，情報メディア基盤センターのスタッフによる「情報通信技術の活用」の説明，学生なんでも相談室のカウンセラーによる「ハラスメントの事例紹介と防止さらに学生のメンタルケア」の説明があります。

④新任教員FDにおいて図書館サービスを案内するときの要点

　新任教員FDにおいて図書館サービスの案内を実施するときの主な要点として，図書館員が友好的な存在であると伝えることと，図書館の利用について面倒くさいという印象を与えないことがあると考えられます。

　最も重要なことは，教員や学生がいつでも気軽に図書館員に相談できることを伝えることです。そのために，学習支援の担当者の氏名，連絡先（電子メールや電話番号（内線））を配布資料に記しておきます。学習支援の担当者自身が新任教員の前で案内をすることによって，教員に担当者の顔と氏名を印象づけることができます。教員がより気軽に図書館に相談できるようにするためには，「図書館に連絡をください」で

はなく,「図書館の〇〇（担当者の氏名）に連絡をください」と案内することが有効です。

新任教員に案内をする場合には,担当者の氏名と連絡先に加えて,図書館のアピールポイント（コレクションや学習支援など）を短時間で伝えるのが有効です。教員が図書館の利用を面倒くさいと感じると図書館員に相談をしなくなるため,長時間にわたる説明は逆効果です。5分程度で上記の要点等を簡潔に伝えるのがよいと思います。この時点では,図書館利用の注意事項について口頭で説明するのは控えます。必要があれば,配布資料に記し,「注意事項については配布資料に記しておりますので,またの機会に読んでおいてください」と説明します。これも,教員に図書館利用を面倒くさいと感じさせないための配慮です。

(3) 教材開発FDにおける図書館関係のワークショップ
①教材開発FD

長崎大学では,2002年度より,「課題探求・解決型授業の支援」として,教員による教材開発や授業運営を支援するワークショップを提供してきました。これはミシガン大学が実施している Enriching Scholarship からアイディアを得たものです[12]。2007年度に提供したワークショップの一覧は表2のとおりです。

多様なワークショップの一環として,図書館員が「パス・ファインダーの作成法」のワークショップを担当しています[13]。

パスファインダーは,「特定のテーマに関する資料や情報を探す手順をまとめた『情報探索の道しるべ』」です。パスファインダーを利用することによって,初心者の学生でも特

定のテーマに関する情報を効率よく探索することが期待されています。従来のパスファインダーの多くは，紙媒体のものでした。一つのテーマを1枚に作成し，レファレンスサービスのときに利用したりしていました。最近では，電子媒体で作成し，ウェブ上で公開することも多くなりました[14]。近年の大学教育改革では課題探求型の授業運営が期待され，レポートや口頭発表を課す科目が多く見られるようになりまし

表2 教材開発FDのワークショップ一覧（長崎大学）

日付	時間	内容
8月30日	10:00-12:00	授業を活性化する話し合い学習法
	15:00-17:15	レポート課題の出し方と作成支援
8月31日	10:00-12:00	質問紙によるデータ収集及びその分析
	13:00-15:00	フィールドワークで問題を発見する：インタビューの作法を中心に
	15:00-17:15	発表資料作成のための画像の加工・編集
9月1日	10:00-12:00	マインド・マップ（アイディアを整理する図）を使った情報整理
	13:00-15:00	レポート課題の出し方と作成支援
9月19日	10:00-12:00	パス・ファインダーの作成法
	13:00-15:00	マインド・マップを使った情報整理
9月20日	10:00-12:00	Excelを使った受講生情報の管理
	13:00-15:00	フィールドワークで問題を発見する：インタビューの作法を中心に
	15:00-17:15	発表資料作成のための画像の加工・編集
9月21日	10:00-12:00	マインド・マップを使った情報整理
	13:00-15:00	質問紙によるデータ収集及びその分析

た。パスファインダーはこれらの課題を効果的に支援することができると考えられます。

前述のように,長崎大学では教材開発 FD を 2002 年度から実施しています[15]。2002 年度と 2004 年度に実施した教材開発 FD では,図書館員は「情報検索の方法」に関するワークショップを担当していました。参加した教員からは一定の評価を得ていましたが,情報検索という一般的なテーマではなく,情報検索をより具体的な教育活動の文脈に位置づけて実施するほうがよいと考えるようになりました。そこで,レポートや口頭発表など課題探求型の課題を支援するパスファインダーの作成に焦点をあてたワークショップを提供し,その中で情報検索についても説明することとしました。

愛媛大学においても,夏季休暇中に「FD スキルアップ講座」として,「グループ学習のコツ」「e ラーニング入門」など多様なワークショップを提供しています[16]。しかし,現時点では図書館関係者が関与するワークショップはないようです。

②長崎大学の教材開発 FD における「パス・ファインダーの作成法」ワークショップ

ワークショップの講師を務めるのは,参考調査係の 2 名の図書館員です。ワークショップの主な目標は,次のとおりです。
①教員がパスファインダーの存在を知る。
②パスファインダーの役割や構成,多様なデータベースとその検索法について理解を深める。
③教員と図書館員が交流する機会を設ける。

ワークショップは 3 部構成です。まず,「パスファインダーとは何か」について具体例を提示しながら説明し,次に,

パスファインダーの作成に役立つ多様なデータベースを紹介します。ここで，一般的な情報検索法に関する説明をするのです。そして，以上で説明した内容を応用したり，図書館員による支援を受けたりしながら，教員が実際にパスファインダーを作成します[17), 18)]。

③「パス・ファインダーの作成法」ワークショップを実施するときの要点

「パス・ファインダーの作成法」ワークショップを実施するときの主な要点として，具体例の提示，フォーマットの配布，個別の支援があると考えられます。

まず，多くの教員はパスファインダーについて具体的なイメージを持たないために，図書館員が事前に作成したパスファインダーを提示して理解を深めるのが有効です。

次に，教員がパスファインダーを無理なく作成できるように，Wordなどのソフトを用いてあらかじめフォーマットを作成し，教員が必要とする情報を入れ込むだけでパスファインダーを完成できるようにすることが有効です。これによって，教員は比較的少ない労力でパスファインダーを作成できるとともに，パスファインダーに必要となる情報の枠組みを理解しやすくなります。

最後に，ワークショップでは，実際の授業で使用するパスファインダーを作成することが有効です。そのために，ワークショップの申込時に，各教員が作成を希望するパスファインダーのテーマを確認し，これを図書館員が事前に調べ，ワークショップの当日に個別に対応できるようにします。個々の教員と十分にやりとりをするためには，補助スタッフがい

ることが望まれます。

8.4 今後の課題

　本章では，大学図書館が実施する学習支援と教育支援の具体例をもとに，その内容と方法，そして実施するときの要点を説明しました。

　学習効果の高い学習支援を実施するために最も重要なことは，図書館員が教員と連携して学習支援の内容と方法を検討することです。そのために図書館員に必要になるのは，これまでに説明したことに加えて，教員に連携を働きかけようとする意識と行動です。

　大学図書館の学習・教育支援機能について深い理解を示す教員ばかりではないため，最初は難しいかもしれません。まずは，話す機会を持った教員に個別に案内をしたり，繰り返し電子メールや案内状を送付したりして，連携を呼びかけるのが有効です。

　教育支援その他の講習会を実施して，参加した教員に学習支援の案内をするのも有効です。教育支援を実施するときには，図書館が単独で企画するだけではなく，学内でFDを担当するセンターや委員会と連携して実施するのも有効です。先にも述べましたが，各大学においてFDの実施が義務化されているために，FDに対する教員の関心は図書館の利用に対する関心よりも高いと考えられます。FDの担当者，教育担当の理事等に企画を持ち込み，共同開催を提案するのも有効です。

　教員と連携する場合においても，FDその他の大学関係者

と連携する場合においても，最初は物足りないと感じるかもしれませんが，強くアピールをするのではなく，ソフトに友好的にアピールをするのが何より重要です。イソップ物語の「北風と太陽」にある太陽のアプローチです。このアプローチによって，多少の時間がかかるかもしれませんが，連携の輪が広がると考えられます。

注・引用文献
1) アーラム・カレッジの内容については，次の論文の内容をもとに作成している。長澤多代「アーラム・カレッジの図書館が実施する学習・教育支援に関するケース・スタディ」『Library and Information Science』No.57, 2007, p.33-50.
2) 濱名篤，川嶋太津夫編『初年次教育：歴史・理論・実践と世界の動向』丸善，2006, p.3-6.
3) 初年次教育テキスト編集委員会編『フレッシュマンセミナーテキスト：大学新入生のための学び方ワークブック』東京電機大学出版局，2009, 127+40p.
4) 藤田哲也「初年次教育モデル授業公開：基礎ゼミⅠ，Ⅱ（市ヶ谷基礎科目0群：文学部心理学科クラス）の実践例」[http://fd.cms.k.hosei.ac.jp/index.html]（確認 2009.8.11）
5) 三重大学では「4つの力」のもとに，下位の力を設定している。[http://www.mie-u.ac.jp/links/education/]（確認 2009.8.25）
6) 三重大学の「『4つの力』スタートアップセミナー」には，2種類の授業計画がある。ここでは筆者が担当したほうの授業計画を対象としている。
7) 「『4つの力』スタートアップセミナー」における図書館ガイダンスの開発メンバーは次のとおり。柴田佳寿江（附属図書館情報リテラシー担当），峯澄子（同），小山憲司（人文学部・附属図書館研究開発室），筆者。
8) 「用語解説」日本図書館協会図書館利用教育委員会編『図書館利

用教育ガイドライン：大学図書館版』日本図書館協会，1998, p.11.
9) 大学審議会「21世紀の大学像と今後の改革方策について(答申)」文部省，1998. [http://www.mext.go.jp/b_menu/shingi/12/daigaku/toushin/981002.htm]（確認 2010.2.2）
10) 国立教育政策研究所 FDer 研究会編『大学・短大で FD に携わる人のための FD マップと利用ガイドライン（国立教育政策研究所政策研究課題リサーチによる研究「FD プログラムの構築支援と FDer の能力開発に関する研究」研究代表者：川島啓二)』国立教育政策研究所，2009, 26p.
11) 萩野三明「三重大学における学習・教育支援環境：附属図書館が提供するサービス」『三重大学高等教育創造開発センターNews Letter』No.5, 2009.11.5, p.1-2. [http://www.hedc.mie-u.ac.jp/pdf/NewsLetter_vol5.pdf]（確認 2010.2.2）
12) 金丸明彦, 下田研一, 長澤多代「長崎大学におけるファカルティ・ディベロップメント・プログラム：その概要ならびに大学教育機能開発センターと附属図書館が協同した『情報検索の方法』ワークショップ」『大学図書館研究』No.69, 2003, p.1-14.
13) 前掲 12)
14) 例として，愛知淑徳大学，東京学芸大学，三重大学がある。
15) 前掲 12)
16) 愛媛大学教育企画室「イベント／セミナー」[http://web.opar.ehime-u.ac.jp/]（確認 2009.8.25）
17) 長崎大学附属図書館「FD ワークショップ」[http://www.lb.nagasaki-u.ac.jp/use/guidance/fd.html]（確認 2009.8.16）
18) 長澤多代「事例発表Ⅰ　大学図書館の教員へのアプローチ：長崎大学ファカルティ・ディベロップメントの試み」『平成 18 年度第 92 回岡山大会全国図書館大会記録』日本図書館協会，2007, p.85-86.

（長澤多代）

9章 市民への情報リテラシー講座の運営について
－医療情報発信とリテラシーの必要性

9.1 なぜ今,医療情報が注目されるのか

(1) 市民の医療情報へのニーズ

　自分や家族が病気になったとき,その病気に関する正確な知識や情報を知りたいと思う気持ちは,老若男女を問わず誰もが同じではないでしょうか。テレビや健康雑誌で数多くの医療情報が溢れているにもかかわらず,どこに行けば本当に信頼できる医学の本があるのか,どのようにすればインターネットなどから正しい医療情報を得ることができるのか——市民にとってはなかなか難しいものです。そのために,市民向けの健康・医療情報リテラシー講座の普及が必要です。

(2) おまかせ医療からインフォームドコンセントへ

　今まで医師と患者の関係は,専門家である医師の診断や治療を患者が従順に受けるというかたちが多かったといえるでしょう。しかし近年,病気の内容や治療方法などについて医師から十分な説明を受けたうえで,患者自身が病気を理解し,同意・納得できる医療を選択して治療を受ける,インフォームドコンセントのかたちが定着してきました。そのため,患者側もある程度正確な医学知識が必要となり,医師に的確な質問をするためにも医療情報への関心が高まってきています。

(3) 闘病記文庫

病気になったとき，同じような病気の人がどのように対処しているのかということについては，誰もが深い関心を持つものです。医学部の図書館は，疾患の診断や治療に対する最先端医療の資料が多く，患者の闘病記などはあまり所蔵していません。公共図書館や病院の患者図書室では，闘病記文庫に代表されるコレクションに注目が集まっています。

9.2 医療情報リテラシー講座運営について－埼玉県男女共同参画推進センター（With You さいたま）の実践

(1) 企画

①ライブラリーのミッション－「情報は力」

埼玉県男女共同参画推進センターライブラリーは，男女共同参画の推進をミッションとした専門図書館ですが，利用対象者はあらゆる世代の市民であり，公共図書館的なサービスも必要とされています。ライブラリーは，①女性の地位向上，男女共同参画推進の資源となる情報，②ジェンダーの視点から女性・男性にかかわる課題を明らかにする情報，③男女の意識の変革や男女平等に向けての行動・政策化を促す情報を収集提供しています。利用者のライフステージにおける問題解決やドメスティックバイオレンス（DV）などの喫緊の課題解決のために，利用者自身のニーズを受け止め，利用者の情報リテラシーを支援することがライブラリーの重要なミッションです。ライブラリーは，女性の地位向上のために，「情報は力」というキャッチフレーズを常に掲げています。

②「情報リテラシー講座」で参加者が集められるのか？

　市民向けの「情報リテラシー講座」には，なかなか参加者が集まりません。「情報リテラシー」という言葉はまだまだ市民には伝わりにくいのが現状です。学生を対象とした大学図書館の利用教育とは異なって，検索指導サービスの内容も方法も配慮しなければなりません。この実践講座は，むしろ市民にとってリテラシーが必要な情報は何か，生活にどのように役に立つかという具体的な情報ニーズのイメージを提供することによって関心を寄せてもらい，ニーズの検討・分析から出発した企画でした。

③具体的な情報ニーズの分析－今，求められている情報は健康・からだ・病気

　男女共同参画推進センターには市民対象の相談室があり，生き方，家族，健康，働くこと，子育てなどの相談に答えています。この相談のニーズ分析を通して利用者の情報ニーズを探ることができます。女性医師による健康相談も実施しており，自分自身の病気や，介護の問題ともつながる家族の病気は相談が多いものです。特に更年期障害，女性特有の病気でもある乳がんや子宮がんなどの本は，ライブラリーとしても情報収集の対象となっていました。女性特有の病気といっても，男性が介護する場合もあり，家族として情報を知りたいと思うのは当然です。命にかかわる情報として大切にされなければなりませんが，公共図書館でも専門情報として積極的には提供することのなかった情報でしょう。医療情報が氾濫する今，最も情報リテラシーが必要な情報でもあります。しかも，男女共同参画推進センターは提供対象を女性に絞っ

てきましたが，医学の情報は男女にかかわりなく必要な情報であることは，日頃の貸出しを通して十分に情報リテラシーニーズとして読み取ることができました。男女共同参画推進センターで確実につかめたニーズですが，公立図書館における市民の情報ニーズでもあるでしょう。

「情報リテラシー講座」には，「私が病気になったら，私の大切な人が病気になったら，どこでどのように情報を探せば」という，少し長いのですが，具体的に情報と人とのかかわりを示すサブタイトルをつけました。また，あえて対象世代を限定せずに，保育サポートも付けて募集することにしました。

(2) 講座の運営

①講座の講師とライブラリアンとの連携

専門度の高い情報リテラシーの主題は，必ずしも自館のライブラリアンが講師となることはできず，外部講師を依頼することになります。その専門分野の講師とライブラリアンの連携が必要となります。今回は，医学情報ライブラリアンに依頼しましたが，事前の打ち合わせを丁寧に行いました。ライブラリアンは，講師に対して受講者のプロファイル，ライブラリー所蔵の医療情報，パソコン環境，その地域の医療情報機関などの情報提供，受講者が理解できない講師資料の専門用語のチェックなどを，受講者に対して資料提供などを行うことが必要です。

②体験する情報リテラシー

情報リテラシー講座では，話を聞くだけではなく，インターネットやデータベースの検索指導サービスを受けると同時

に，パソコンで体験したりライブラリーの資料を見たりするなど，受講生自身が情報の評価体験することも必要でしょう。

≪パソコンで実際に情報検索≫

パソコンを一人1台用意して情報探索を行いましたが，受講生のパソコン検索のレベルには格差が当然あると予測して，検索サポーターとしてのスタッフを配置しておく必要があります。サポーターとも，講座の進行についての説明，医学用語のチェックなど，事前の打ち合わせが必要です。講座の目的は，検索技術を伝えることではなく，利用者が画面を読み取ることにあります。隣人の画面で初めてこんなページを見たと感激している受講生もいました。

パソコンの操作が鉛筆を使うことのようになっている現在でも，インターネットアクセス率は，低所得者層と高齢者が低いのです（総務省「通信動向調査」2009）。市民講座の場合は，インターネットにアクセスしたことのない市民，特に医療情報が必要な高齢者のパソコン操作に対する配慮が必要です。パソコンの技術に関する広報の表現の工夫や，事前のパソコン技能のチェックなどが特に大切でしょう。

≪資料をわかりやすく手に取る体験－「こころとからだの文庫」の創設≫

情報リテラシー講座は，ライブラリーの所蔵資料やコレクションの見直しの機会でもあります。今回の講座を契機に館内の医療情報を見直し，「こころとからだの文庫」を創設しました。

埼玉県立久喜図書館の「医療情報収集ガイドライン」を活用し，地域医療機関の専門家の存在も確かめ，講師のアドバイスにより，所蔵資料を点検しました。文庫収集方針を検討

し，女性に特有な病気，男女の更年期および健康，心の病気を収集するコレクションとしました。また，NDC分類により別の場所に配架されていた医学書や闘病記についてもまとめて配架しました。「こころとからだの文庫」は，図書資料のみならず，例えば乳がんを支援する団体（ピンクリボンなど）のパンフレットや患者図書室の情報，健康講座の案内チラシ，講師提供による埼玉県の医療情報機関のリストなども同じ棚で提供しました。

コレクションの配架場所については，入口に近いが，あまり利用者が目立たない場所にするなどの配慮をして，ゆっくりと読めるコーナーとしました。配架場所を簡単に移動できない図書館では，展示企画として，関連資料をまとめて紹介するなどの情報提供が可能でしょう。

≪ライブラリーツアーの実施≫

講座の終わりには，ライブラリアンによるライブラリーツアーを実施しました。「こころとからだの文庫」に案内をして，資料を実際に手に取って見てもらいました。参加者からは，「早く知りたかった」「こんなにたくさんの情報があるとは」「帰って古い医学事典を捨てます」などの感想がありました。また，継続利用のための関連の図書・多様なツールやパスファインダーなどを紹介する機会としました。

③利用者の信頼を得る機関連携

講座の企画や運営にあたっては，講師の依頼のみならず，県立がんセンター，県立衛生研究所の職員にも参加・メッセージの依頼をしました。「こころとからだの文庫」を創設するために，信頼できる医療機関，専門家からコレクション構

築のためのアドバイスを得たという情報を伝えたのは，参加した市民に図書館コレクションの信頼性，情報リテラシーの必要性を印象づけるねらいもありました。県立衛生研究所からはその後，統計データやパンフレットの提供が続いています。そのほか，センター内で相談部門とニーズ分析を行ったり，健康講座などの開催の際にもライブラリーツアーを行ったりして，内部連携も強めています。

コレクションを充実させる地域資源との連携と活用は，ライブラリアンのコーディネート能力の活用でもあります。ライブラリアンは，ライブラリーでの情報提供のみならず，地域でも市民と地域機関，情報をつなぎ，信頼できる情報を提供できる，頼りになるライブラリアンとしての役割を再認識したいものです。

(3) 広報戦略－講座開催後の展開

講座の参加者募集のチラシは，情報リテラシーの言葉も入れてわかりやすいものとしました。応募者は中高年の男性・女性が多く，夫婦で参加するなど男女共同参画推進センターは初めてという参加者もありました。

講座終了後，「こころとからだの文庫」をマスコミに載せることによって，情報リテラシー講座と文庫の広報を展開しました。新聞全国版，地方版，ラジオと報道されましたが，それぞれの報道後にリアクションがあり，全国紙の報道は，全国各地からの問い合わせにつながり，地元の図書館では見つからない，また地元では知られたくないという問い合わせもあって，利用者の医療情報を知りたいという立場の多様さを改めて知ることとなりました。ライブラリーとして，報道

内容に対して，具体的な内容が利用者のプライバシーを侵さないような広報のあり方，秘匿性が確保されているかどうかに注意しなければならないことも確認をしました。

また，地方版の報道の影響としては，県立図書館や近隣図書館との相互貸借ネットワークによる文庫コレクションの貸出申し込みがありました。病院や医療機関については，利用者にとっては地域の情報が役に立ちます。地元の情報が情報リテラシーの視点で確認されていない場合が多いので，地域でアクセスできる機関のリスト提供も必要です。講師が当日，専門家の視点で地域医療情報を提供した資料は，ライブラリーにとっても利用者にとっても有効な情報源となりました。

マスコミでは常時，報道されるわけではありません。継続的に広報するためには，ライブラリーで発行する通信への掲載，センター来館者，講座受講者への資料配布など，あらゆる機会をとらえての発信を続けています。「こころとからだの文庫」の存在が，見てわかりやすく，すぐ手に取れる情報提供につながることの意義は大きいといえます。

(4) 情報リテラシー講座の普及

何をきっかけとして情報リテラシーを知ってもらうかという課題から，医療情報講座を取り上げた成果は，①ニーズ分析による多様な市民情報ニーズの再確認，②信頼できる情報発信をするライブラリー，頼りになるライブラリアンとしての存在意義の確認，③図書館のコレクションの見直し，④地域社会情報源の活用，他機関との連携，⑤専門機関の支援体制と各種図書館ネットワークの重要性の認識を深め，エンパワーする情報リテラシー講座の実施，といったところにつ

ながっています。

その後，①大学生の卒論・リポート作成のための文献情報リテラシー，②女性の就労のための情報リテラシー，③家族問題のための情報リテラシー，④経済的に困難な女性のためのパソコン講座，などを実施することになりました。

ライブラリーのミッションを改めて確認し，地域でのネットワーク化に踏み出せ，何より喫緊の市民の情報リテラシーニーズに応える講座を試み，手ごたえを得たと感じています。

9.3 一般市民へ医療情報検索セミナーを行うときのポイント

ここでは，一般市民に医療情報検索セミナーを実施するときのポイントをまとめてみます。パワーポイントの図によって説明して，必要に応じて補足を加えておきます。

(1) 医療情報の提供と受講者のニーズ分析

```
1．医療情報の提供と受講者のニーズ分析
    ～ 医療職向けと一般市民向けに違いはあるのか？ ～
・一般市民はどのレベルの医療情報を
    望んでいるのだろうか。
・医師などが求める医療情報との相違
    1) 医師が対象とする最新の医学知識では難しすぎる
    2) 本屋さんで入手できるようなやさしい家庭の医学
        では物足りない
    3) 市民の方々が望むのは家庭の医学と医学最先端
        知識の"中間の部分"では？
```
（どうも違うらしい）

一般市民が必要としている医療情報は，一つにはインフォームドコンセントへの対応，つまり自分の病気や治療方法について「医師に何を質問すればよいかがわかる」だけの医学知識です。いま一つは病気への不安や実生活への対応のために「家庭の医学」よりやや上の，「現実的な情報」を得たいというニーズもあります。セミナー主催者側は，これら市民のニーズを正確に把握しなければセミナーは成功しません。

(2)　一般市民に可能な医療情報の入手手段

> ### 2．一般市民に可能な医療情報の入手手段
> ☆評価された正しい医療情報を現実に可能な手段で入手
> 　⇒実際に医療情報を入手する場所や手段は身近にあるのだろうか？
>
> セミナーでは3つの方法に絞った
> 1) 本屋さんで入手する
> 2) 図書館で入手する
> 3) インターネットを使って入手する

　実際にセミナーを開催する地域の実情を重視し，受講者がなるべく負担にならない方法で，なおかつ信頼性のある医療情報の入手手段を提示すべきです。

(3) 本屋さんで医学書を探すときのコツ

> ### 3. 本屋さんで医学書を探すときのコツ
>
> "受講者には大変好評だった"
>
> - 書いた人（著者・所属）を確かめよう
>   　大学や大病院の先生の著書はある程度信用できる
> - 看護師さん用の図書が分かりやすい
> - 索引がある。（目次も充実）
> - 新しい図書（古い医学図書はダメ）
> - 健康雑誌・闘病記は要注意！

　古い医学書や「家庭の医学」的な本は現代医療と違っているものもあり，図書館でも古い医学書の見直しが必要です。特に闘病記については，宗教性のあるものや現代医療では認められていない治療法を薦めているものは，選書時に注意が必要です。

(4) 身近で医療情報を入手できる図書館の紹介

> ### 4. 身近で医療情報を入手できる図書館の紹介
>
> 1) 近所の公共図書館の利用方法
> 2) 身近にある専門図書館の紹介
> 3) 利用できる大学図書館・医学図書館の紹介
>   　総合大学には医学書は少ない。医学図書館の一般開放。
> 4) 県や近隣で利用できる病院の患者用図書室
>
> 　利用できる図書館や図書館の利点だけでなく、図書館の限界や資料の内容にも言及

近年，医学部や大病院の図書館が患者に開放されていますが，医療従事者向けの資料がほとんどで，患者が訪れても結局難しすぎて役に立たない場合が少なくありません。セミナーでは，患者専用の病院図書室や，身近で利用しやすい公共図書館の中で医療情報の提供に力を入れている図書館を紹介するのが良策です。

(5) インターネットで医療情報を調べる

```
5. インターネットで医療情報を調べる

 1) インターネットから得る医療情報は正しいのか？
    ⇒ 情報リテラシーを強調・情報の信頼性や評価方法を提示
 2) どんな医療情報が探せるのか？
    ⇒ 利用可能で評価された情報源を選ぶポイントを説明
    A. 病気（疾患）の知識
    B. 薬の検索
    C. 闘病記・患者家族会
    D. 標準的な治療方法（ガイドライン）
```
（無料でも大丈夫！）

　手軽に医療情報がインターネットで入手できる利便さは大変貴重です。しかし，インターネット上の医療情報には信頼性の低いものが数多く流布しています。セミナーの主催者側は，一般市民の方々には特に医療情報リテラシーに重点を置き，危険性を強調したほうがベターです。市民の方々が一番納得する方法は，間違った医療情報を実際のウェブ画面で見せることです。そして，信頼できるサイトを提示し，可能なら実習してもらうのがよいでしょう。

市民講座で使用のスライド例1

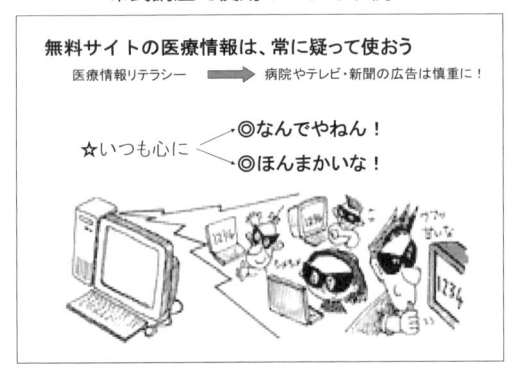

無料サイトの医療情報は、常に疑って使おう

医療情報リテラシー　　➡　　病院やテレビ・新聞の広告は慎重に！

☆いつも心に
- ◎なんでやねん！
- ◎ほんまかいな！

(6) インターネットの医療情報の利点と欠点

6. インターネットの医療情報の利点と欠点

1) インターネットやメディアの情報が間違っている具体例をあげる
　 a. 健康雑誌の例：サメの軟骨エキスが関節痛に効く（×）
　 b. Web情報の例：内視鏡検査の数時間前に水分をとってよい（×）
2) 信頼性のある情報や評価された医療情報を得るコツを提示
　 a. 発信源のチェック （例：アドレスの最後が go.jp ac.jp　など）
　 b. 少ない情報から判断しない。色々な情報を比較する。
　 c. 医学博士が医師とは限らない。
3) 信頼できる評価されたサイトで実習
　　（もしパソコンが利用できたら）

(7) 受講者のパソコンスキルの問題（バラツキ）

> 7．受講者のパソコンスキルの問題（バラツキ）
>
> ☆☆もし幸運なことにインターネットが使えれば☆☆
> ⇒実習ができる ⇒しかしどのように実習してもらうかが大問題！
>
> 1）パソコン上級者から全くパソコンを使ったことが
>   ない人まで、一緒に実習してもらうには？
> 2）パソコン初級者に照準をあわせて演習課題を
>   作成した ⇒ マウスクリックだけですむ演習
> 3）パソコン上級者にも満足して帰ってもらう。
>   退屈させない！ 遊ばせない！ ために
>   ⇒ ・やや高度なデータベース検索も紹介
>   ・上手なキーワードの選び方

パソコンの上級者には同義語・同意語の説明をすると喜ばれます。パソコン演習には主催者側の職員のフォローが大変重要な要素となります。

市民講座で使用のスライド例2

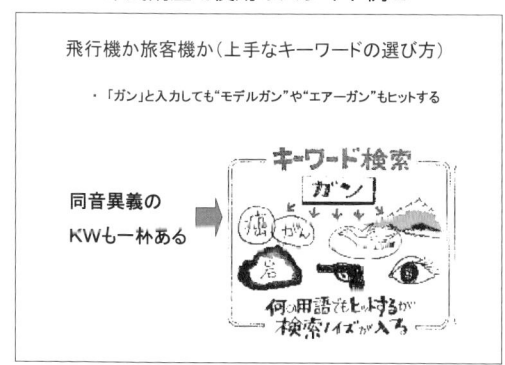

> 飛行機か旅客機か（上手なキーワードの選び方）
>
> ・「ガン」と入力しても"モデルガン"や"エアーガン"もヒットする
>
> 同音異義の
> KWも一朴ある
>
> キーワード検索
> ガン
> 癌　がん　岩
> 何の用語でもヒットするが
> 検索ノイズが入る

9章　市民への情報リテラシー講座の運営について………141

(8)　講習会で説明するときのキーワードは重要
(9)　講習で提示できなかったものの補足

> 8．講習会で説明するときのキーワードは重要
>
> 　一般に良く知られている病名や難しすぎる病名は不向き
> ・高血圧　　　⇒一般の方も知識が豊富でやさし過ぎる
> ・僧帽弁逆流　⇒あまり聞いたことのない病名はダメ
> ・狭心症　　　⇒少しは聞き馴染みのある病名（○）
>
> 9．講習で提示できなかったものの補足
>
> 1）お役立ち医療情報のパンフレットを配布
> 　　（信頼できる情報の一覧表）
> 2）実際に医療情報を入手できる機関の紹介

(10)　医療情報検索用パンフレットの作成

> 10．医療情報検索用パンフレットの作成
>
> ・ハンディーな1枚ものがベター
> 　検索しながら傍に置いて気軽に確認できる程度のもの
> ・文字を極力少なく、図やイラストを多用する
> 　できれば文字を読まなくても、図などから判断できるぐらいの工夫を
> ・利用者が見て利益がすぐにわかるものを工夫する
> ・パスファインダーなども一般市民にはわかりやすい
>
> 　ちょっとトライ
> してみようか

　一般市民への説明にはパスファインダー方式が大変効果的です。また，実習用パンフレットは一枚もの（裏表）がよいでしょう。

(11) 手軽な医学書入手手段と外部医療機関との連携

> **11. 手軽な医学書入手手段と外部医療機関との連携**
>
> - 公立図書館に医学書の所蔵が少ない場合
>   ⇒ 付近の医学書が充実している本屋さんを紹介
> - インターネットで自宅まで届く本の入手方法を紹介
>   ⇒ 特に病気を他人に知られたくない利用者への
>   対応や考慮は必要
> - 付近の医療機関と資料や情報を連携する
>   ⇒ セミナーを開催した図書館に対して
>   市民の安心感・信頼度が増す

限られた資料や人的資源でのセミナー成功の秘訣は外部との連携にあります。なお、医学書の紹介や入手説明にあたっては、特に受講者に対するプライバシーへの配慮が必要です。

(12) 講習を終えて、利用者の反応と対応策

> **12. 講習を終えて、利用者の反応と対応策**
>
> - 一般市民の医療情報を得たいというニーズは
>   大変大きい。家庭の医学では物足りない。
> - 公共図書館が医療ニーズに対応していくには
>   やはりある程度、医療情報への勉強が必要。
> - 医療系図書館員との連携。
>   （日本図書館協会・健康情報研究委員会）
> - 病院の患者用図書室を見学しよう。公共図書館
>   の選書方針に一番近いのでは？
> - 医学書は高額なので予算の対応が問題。
>   対応策→インタ ホハ・看護師向け図書の購入
>
> 市民は医療情報を必要としている

9章　市民への情報リテラシー講座の運営について………143

9.4 医療情報リテラシー講座−蓄積と課題

(1) 蓄積−医療情報リテラシー講座成功のポイント
ポイントは次のとおりです。

> 1．セミナー主催者の意図・目的を明確に
> 2．受講者ニーズの正確な把握
> 3．適切な講師の選定
> 4．外部機関（医療機関を含む）との連携

(2) 課題−信頼される図書館へ

公共図書館では，従来の図書貸出サービスに加えて，利用対象者別のビジネス支援や課題別の資料・情報提供サービスなど，多種多様な情報要求に対応した情報サービスが始まっています。しかし，市民のニーズに向き合ってみると，「私にとって必要な情報なのに探した方がわからない」「どの情報がよいかわからない」という市民にとっては，基本的な情報リテラシー教育，待ったなしの情報リテラシー支援は，図書館サービスとしての根幹をなすものであることが伝わってきます。

基礎的な図書館利用教育，情報リテラシー教育や支援は，市民一人一人の情報力を高めることが基本でしょう。単なる知識ではなく，人生，生活に活用されて初めて情報力となります。生活する市民の情報ニーズは多様です。

市民にとって，信頼できる情報があり，頼りになるライブラリアンのいる図書館は，地域の信頼できる施設として認識されていくのではないでしょうか。

　市民の情報ニーズは，図書館の来館者のみではなく，地域の福祉，労働，教育，医療の現場，お年寄りの集まる場，女性の集まる場，若者の集まる場から喫緊の課題として伝わってきます。そのためには，地域機関との連携と専門機関の支援体制が欠かせません。どの機関も独自の情報提供をしていますが，情報リテラシー教育の役割を担えるのは図書館です。地域機関との連携体制の中で，図書館の役割を明確にし，担うことも市民の図書館に対する信頼性を確保するために欠かせません。

　医療情報リテラシー講座の実践からは，市民の多様で専門的でもある課題に対するニーズがうかがえました。コレクションを充実させ，地域資源との連携していくことは，ライブラリアンが地域でのコーディネート能力を発揮していくことでもあります。ライブラリアンがライブラリーでの情報提供のみならず，地域で市民と情報をつなぐ頼りになる役割を担いつつ，利用教育を推進することを期待したいと思います。

参考文献
・大阪府立女性総合センター『女性情報とライブラリー活動』大阪府男女協働社会づくり財団，1999．（Dawn Hand Book ; 2）
・桜井陽子編著『パソコンガイドブック：女性と貧困問題への女性・男女共同参画センターの取り組み』NPO法人全国女性会館協議会，2008．
・佐藤淑子，和田佳代子編『看護文献・情報へのアプローチ』医学書院，2000．

・佐藤淑子,和田佳代子編『ナースのためのWeb検索・文献検索テクニック』医学書院,2004.
・「With Youさいたま」[http://www.withyou-saitama.jp/info.rbz?ik=1&nd=117]

《文中イラストについて》
　文中のイラストはマイクロソフト社のクリップアートを利用しました。また,参考文献にある医学書院発行の著者出版物から一部引用しましたが,出版社にその旨の了解を得ています。

（青木玲子・和田佳代子）

第 III 部

資料編

10章 図書館利用教育文献目録

- この文献目録は，日本図書館協会図書館利用教育委員会が発行するメールマガジン『〈CUE〉利用教育委員会通信』（購読申込・バックナンバー：http://www.jla.or.jp/cue/）に掲載されている「図書館利用教育文献一覧」に所収の 2005 年以降に発表された文献の中から，主なものを理論編と実践編に分けて抜粋し，適宜，【内容】を付記したものです。
- 図書または図書（論文集など）に収録された論文等の場合には【図書】と記してあります。記していないものは，雑誌記事・論文です。
- 理論編（10.1），実践編（10.2）とも著者名の五十音順に並べてあります。
- 各誌の特集については，実践編の最初にまとめて記載してあります。

10.1 理論編

◆安藤友張「大学における初年次教育と図書館利用スキル・情報リテラシーの育成：現状と課題」（特集　大学図書館2006）『図書館雑誌』Vol.100, No.10, 2006.10, p.688-690.
【内容】近年，大学で関心が高まっている初年次教育における図書館利用スキル・情報リテラシー教育の課題につい

て考察し,今後何をなすべきかを示している。

◆石川敬史「現場からみた大学図書館における利用教育実践の広がりと可能性:図書館利用教育委員会の活動を通して」(特集　大学図書館と利用教育)『図書館雑誌』Vol.102, No.11, 2008.11, p.766-769.

【内容】1989年の発足以来,「図書館利用教育ガイドライン」の作成や『図書館利用教育ハンドブック　大学図書館版』の発行,共通ツールの作成などにより利用教育の普及と基盤づくりに努めてきたJLA図書館利用教育委員会の活動を通して,大学図書館現場から見た実践の広がりと今後の可能性について概観している。

◆牛澤典子,岩田智美「ヘルスサイエンス図書館における教育サービス」『医学図書館』Vol.55, No.4, 2008.12, p.309-315.

【内容】「Current Practice in Health Science Librarianship」シリーズの中の教育サービスの巻「Educational services in health sciences libraries」の部分を翻訳・要約したものである。教えることの背景と倫理,教えることと学ぶこと,教育プログラムと資料,教育サービスの運営,評価と将来動向について,それぞれの章を要約している。さまざまな利用者教育の場面における手法や人材教育,運営方法が書かれており,図書館業務全体における教育サービスの位置づけが述べられている。最後に著者はこの本が利用者を教えることについての論理的裏づけを重視している点を評価しており,日本の医学図書館員も教育サービスについての知識と経験を集積しなければならないと提言している。

◆大城善盛「情報リテラシーと図書館サービス」(特集　情報リテラシーの育成と図書館サービス)『現代の図書館』

Vol.45, No.4, 2007.12, p.183-189.

【内容】欧米の情報リテラシー論を紹介しながら，情報リテラシーの定義をまとめ，また，大学や学校図書館における情報リテラシー教育と図書館サービスとのかかわりを考察している。

◆大城善盛「大学図書館界を中心とした情報リテラシー論：アメリカ，オーストラリア，イギリスにおける議論を中心に」『大学図書館研究』No.82, 2008.3, p.23-32.

◆太田潔「『初年次教育』にかかわる大学図書館の役割についての一考察：最近の動き」『図書館雑誌』Vol.102, No.2, 2008.2, p.94-96.

【内容】初年次教育が注目され導入されてきた歴史的経緯について述べ，初年次教育に大学図書館がどのようにかかわれるかについて考察している。

◆岡田孝子「法学情報教育における情報リテラシー概念の必要性」『大学図書館研究』No.76, 2006.3, p.62-73.

【内容】慶應義塾大学の実践例をもとに，法学情報教育に情報リテラシーの概念をどう取り込んでいくかを考察し，具体的な問題点と改善方法を提起している。

◆岡田孝子「大学教養課程の学生に法情報リテラシーを教える」『大学図書館研究』No.83, 2008.8, p.42-53.

【内容】自立した市民になるための法律分野に必要な情報リテラシー教育を行うのは大学教養課程が適切であるとの立場で，学ぶべき法情報リテラシーの内容とどのように教えるべきかの教授法について考察している。

◆小松泰信「情報リテラシー科目のeラーニング化に伴う学習支援体制」（特集　情報リテラシーの育成と図書館サー

ビス）『現代の図書館』Vol.45, No.4, 2007.12, p.190-197.

【内容】大阪女学院大学・短期大学で情報リテラシー科目にeラーニング手法を適用し，個々の学習者の進捗状況を個別に把握し支援する体制をとることで，複数の学習支援者が情報を共有し必要な場面で連続的に支援を行うことが可能になった事例をもとに，その過程で明らかになった図書館という場と司書の役割について考察している。

◆慈道佐代子「情報リテラシー教育の理論的枠組みと大学図書館における実践についての考察」『大学図書館研究』No.75, 2005.12, p.44-53.

【内容】日本の大学図書館が授業と関連して組織的に情報リテラシー教育に取り組んできたことから得られた課題を，理論の構築，提供する内容，実施する体制の3点に集約し，今後のあり方等を提言している。

◆慈道佐代子「一年次教育における図書館の役割：図書館が参加・実施する情報リテラシー教育を考える」『大学図書館研究』No.82, 2008.3, p.12-22.

【内容】情報リテラシー教育を進めるために，米国と日本の1年次教育の取り組みを分析し，オリエンテーション科目の必要性と図書館が果たす役割について提言している。

◆【図書】瀬戸口誠「情報リテラシー概念に対するリテラシー研究からの検討」渡辺信一先生古稀記念論文集編集委員会編『生涯学習時代における学校図書館パワー：渡辺信一先生古稀記念論文集』渡辺信一先生古稀記念論文集刊行会，2005.3, p.199-210.

◆瀬戸口誠「情報リテラシー教育における関係論的アプローチの意義と限界：Christine S. Bruceの理論を中心に」

『Library and information Science』No.56, 2006, p.1-21.
◆瀬戸口誠「情報リテラシー教育とは何か：そのアプローチと実践について」（特集　情報リテラシー）『情報の科学と技術』Vol.59, No.7, 2009.7, p.316-321.
【内容】大学図書館が情報リテラシー教育にどのようにかかわっていくべきかという観点から，情報リテラシー教育におけるアプローチをスキル志向と利用者志向の二つに分けてその重要性について検討している。
◆高田淳子「公共図書館における情報リテラシー教育の現状」（特集　情報リテラシーの育成と図書館サービス）『現代の図書館』Vol.45, No.4, 2007.12, p.205-212.
【内容】公共図書館における情報リテラシー教育の現状を把握するために実施した調査の報告である。調査期間は2006年8月から9月，調査対象は都道府県立図書館および政令指定都市の市立図書館（中央館）。
◆長澤多代「情報リテラシー教育を担当する図書館員に求められる専門能力の一考察：米国のウエイン州立大学の図書館情報学プログラムが開講する『図書館員のための教育方法論』の例をもとに」『大学図書館研究』No.80, 2007.8, p.79-91.
【内容】著者が体験したウエイン州立大学の図書館情報学プログラムが開講する科目の概要と学習内容・方法等の例をもとに，情報リテラシー教育を担当する図書館員に求められる専門能力について検討している。また，情報リテラシー教育を担当する新しい図書館員像であるブレンディッド・ライブラリアンに求められる専門能力を紹介している。
◆【図書】野末俊比古「大学図書館と情報リテラシー教育：『指

導サービス』の意義と展開」逸村裕，竹内比呂也編『変わりゆく大学図書館』勁草書房，2005.7, p.43-57.
【内容】大学図書館の教育的機能について整理・検討し，今後の大学図書館にとって重要な使命の一つが情報リテラシー教育であることを確認している。また，個々の図書館の取り組みや大学図書館界の最近の動向を概観し，大学全体の情報リテラシー教育の中で，今後，図書館が利用教育を展開していく際の意義や課題を整理・検討している。
◆野末俊比古「情報リテラシー教育と大学図書館：『利用教育』から『指導サービス』へ」（特集　大学図書館と利用教育）『図書館雑誌』Vol.102, No.11, 2008.11, p.762-765.
【内容】大学図書館における利用教育を概観し，今後は情報リテラシーの枠組みの中で，計画的・体系的・組織的に実施していけるようにサービスとして確立していくことを提唱している。また，実践における主な考慮点を「6W1H」の視点で整理し検討しており，具体的で参考になる。
◆野末俊比古「情報リテラシー教育における図書館員の役割：NII研修プログラムの背景にあるもの」（特集　図書館利用教育）『短期大学図書館研究』No.28, 2009.3, p.23-32.
◆藤田節子「公共図書館における情報リテラシー支援の現状：情報リテラシー支援講座の立案に向けて」『川村学園女子大学研究紀要』Vol.18, No.2, 2007, p.53-73.
【内容】日本の公共図書館では情報リテラシー支援があまり行われていないのが現状であることから，情報リテラシーの必要性や利用者の情報探索行動の実態，情報システム構築の考え方と情報リテラシー支援の方法等について考察し，公共図書館で情報リテラシー支援講座を企画する方法

について具体的な提案をしている。
- ◆【図書】毛利和弘「大学図書館と生涯学習」日本私立大学協会大学図書館研修委員会編『大学図書館の理論と実践（Ⅱ）』日本私立大学協会，2005.7, p.473-481.
- ◆毛利和弘「ステップアップレファレンスを実現する図書館利用教育」『短期大学図書館研究』No.26, 2007.3, p.1-8.
【内容】図書館利用教育の実施によって，利用者の自立が高まり個別対応のレファレンスサービス時の質問内容がレベルアップするという現象を，ステップアップレファレンスと捉え，図書館利用教育の必要性についてレファレンス理論を踏まえながら論述している。

10.2 実践編

- ◆「特集　情報リテラシー・サービス」『医学図書館』Vol.52, No.1, 2005.3, p.14-58.
- ◆「特集　図書館員のための情報リテラシー講座」『図書館雑誌』Vol.99, No.6, 2005.6, p.369-384.
- ◆「特集　新入生を対象とした図書館利用教育」『大学の図書館』Vol.25, No.11, 2006.11, p.177-183.
- ◆「特集　情報リテラシーの育成と図書館サービス」『現代の図書館』Vol.45, No.4, 2007.12, p.183-233.
- ◆「特集　図書館利用教育」『短期大学図書館研究』No.28, 2008, p.1-43.
- ◆「特集　大学図書館と利用教育」『図書館雑誌』Vol.102, No.11, 2008.11, p.761-780.
- ◆「特集　情報リテラシー」『情報の科学と技術』Vol.59,

No.7, 2009, p.315-352.
◆安達一寿「『2006年問題』に対応する図書館員のスキルアップ」（特集　図書館員のための情報リテラシー講座）『図書館雑誌』Vol.99, No.6, 2005.6, p.370-371.
◆家城清美「中高一貫校における体系的な情報活用指導」（特集　校種間連携・ネットワーク）『学校図書館』No.670, 2006.8, p.37-39.

【内容】中学・高校の一貫校で，「総合的な学習」の導入を機に，授業を担当する教員と司書教諭の話し合いや授業実践から生まれた体系的な情報活用の内容を報告している。体系表に授業の目標とそれに関連した情報活用の目標を設定したことで，統一した指導内容が実施できるようになったことをメリットとして挙げている。

◆【図書】石狩管内高等学校図書館司書業務担当者研究会『パスファインダーを作ろう：情報を探す道しるべ』全国学校図書館協議会, 2005.3, 55p.（学校図書館入門シリーズ 12）
◆石川敬史「大学図書館の新入生オリエンテーション：情報リテラシー教育への位置づけとして」（特集　新入生の受入体制）『大学と学生』No.29, 2006.6, p.33-41.

【内容】新入生オリエンテーションの内容と方法について，『図書館利用教育ガイドライン 大学図書館版』の領域に沿って述べ，各図書館における実践事例を紹介している。また，今後は，図書館を社会的な文脈として捉えて，大学における情報リテラシー教育の枠組みの中で役割を考え，新入生対象のプログラムを実施する際などにも，授業・学習内容に沿った段階的なプログラムの設計が必要であると指摘している。

◆市川美智子「図書館パスファインダー作成報告とその可能性」『医学図書館』Vol.53, No.1, 2006.3, p.55-59.

◆市川美智子, 坪内政義「医療・健康に関する地域連携パスファインダーの作成」『ほすぴたるらいぶらりあん』Vol.32, No.4, 2007.12, p.245-249.

【内容】愛知医科大学医学情報センターが隣接する3市1町の公共図書館と連携して, 医学領域のパスファインダーを作成した事例報告である。一般市民でもわかる病名で作成されており, 患者を含め一般人への医療情報提供のあり方を検討している。

◆市古みどり「事例報告 情報リテラシーを高めてもらうために：パートナーとしてのライブラリアン」『看護と情報』No.12, 2005.3, p.32-35.

【内容】慶應義塾大学日吉メディアセンターの概要と情報リテラシー教育の実際。

◆市古みどり, 上岡真紀子「情報リテラシーのためのウェブチュートリアル開発：KITIE (Keio Interactive Tutorial on Information Education) の事例」『医学図書館』Vol.54, No.1, 2007.3, p.37-41.

【内容】学部生への情報リテラシー教育への取り組みの一環として慶應義塾大学で開発されたシステム (KITIE) を紹介している。その開発経緯と内容, 利用状況の分析, さらに今後の課題に関して評価を交えながら述べている。また図書館における情報リテラシーのためのチュートリアル作成への可能性に触れ, 学生への情報リテラシー教育は教員や大学当局との連携が重要であるとしている。

◆伊藤民雄「図書館員の知っておきたい初級インターネット

文献検索の知識」(特集　図書館員のための情報リテラシー講座)『図書館雑誌』Vol.99, No.6, 2005.6, p.375-377.
◆上岡真紀子,市古みどり「図書館員による情報リテラシー教育：現在・過去・未来」(特集　情報リテラシーの育成と図書館サービス)『現代の図書館』Vol.45, No.4, 2007.12, p.226-233.
◆大串夏身「図書館員の知っておきたい初級サイト検索の知識」(特集　図書館員のための情報リテラシー講座)『図書館雑誌』Vol.99, No.6, 2005.6, p.372-374.
◆大谷朱美「教員との連携による情報リテラシー教育支援：東京学芸大学附属図書館事例報告」(特集　情報リテラシーの育成と図書館サービス)『現代の図書館』Vol.45, No.4, 2007.12, p.213-219.
【内容】2007年度から東京学芸大学1年次必修科目の「情報処理」の1コマで図書館員による情報リテラシー教育支援が開始された経緯と，教員との連携による具体的な実施内容・方法が紹介されている。
◆大野友和「図書館リテラシーと教育の一翼を担う図書館員：明治大学『図書館活用法』の実践から」『大学図書館研究』No.73, 2005.3, p.25-33.
【内容】2000年度から開講した学部間共通総合講座「図書館活用法」は，図書館員が講師を務め，卒業要件の2単位取得可能な科目である。その開設に至るまでの大学への働きかけや授業内容，担当者，成果と今後の課題などを述べている。
◆岡田信惠，柿田憲広「藤田学園における看護学専攻学生に対する学年別図書館ガイダンスの実施」『医学図書館』

Vol.54, No.1, 2007.3, p.73-76.

【内容】4年生の看護学科と3年生の看護専門学校の学年ごとのガイダンスや利用者教育について，内容を比較・分析している。

◆岡部幸祐，金成真由子「図書館プロモーションビデオ『週5図書館生活，どうですか？』の企画と制作：利用案内ビデオから学生志向のプロモーションビデオへ」『大学図書館研究』No.85, 2009.3, p.1-11.

◆鎌田和宏「小学生に情報リテラシーを育てる」(特集　情報リテラシーの育成と図書館サービス)『現代の図書館』Vol.45, No.4, 2007.12, p.220-225.

【内容】学校図書館を子どもに情報リテラシーを育てる中核となる場として位置づけ，実践が可能となるように情報リテラシー育成の重点を整理して示し，また，具体的事例を紹介している。

◆北川昌子「京都大学医学図書館における情報リテラシー教育への取り組み」(特集　情報リテラシー・サービス)『医学図書館』Vol.52, No.1, 2005.3, p.36-41.

◆忽那一代「京都大学図書館・情報リテラシー教育の現状：全学共通科目『情報探索入門』の11年」(特集　大学図書館と利用教育)『図書館雑誌』Vol.102, No.11, 2008.11, p.778-780.

◆小圷守「情報リテラシーとラーニング・コモンズ：日米大学図書館における学習支援」(特集　情報リテラシー)『情報の科学と技術』Vol.59, No.7, 2009.7, p.328-333.

【内容】大学図書館における学習支援のあり方や学習環境モデルについて米国や日本の事例を紹介している。また，

立教大学図書館の情報リテラシー獲得のための支援を紹介しながら，今後の大学図書館のあり方を論じている。
◆小林隆志，網浜聖子，松田啓代「図書館の活用法を伝授します!!：鳥取県立図書館の実践から：図書館は公務員・教職員の情報リテラシー向上に寄与できるか？」（特集　情報リテラシーの育成と図書館サービス）『現代の図書館』Vol.45, No.4, 2007.12, p.198-204.

【内容】県立図書館が取り組んでいる自治体職員向け「情報活用力養成講座」や高校教職員向け「図書館活用セミナー」，健康情報サービスへの取り組みの一環として行った看護学校等への「出前講座」など，一定の成果を上げている実践内容を紹介している。

◆小林靖明「画面キャプチャーソフトによる利用者教育用資料の作成：新しい形での利用者教育の可能性への模索」『医学図書館』Vol.54, No.1, 2007.3, p.42-45.

【内容】札幌医科大学で開発された　映像を利用した利用者教育の紹介である。(1) ビデオによる利用者教育用資料の制作，(2) テレビ会議システムを通じたガイダンスの実施，(3) ezsCAM2000（ソフトウェア）を使った利用者教育用資料の制作の概要を中心に，動画による利用者教育用資料の評価と課題が述べられている。

◆斉藤香「簡単，迅速，正確に情報をさがすには…。：Google活用基礎講座」（特集　図書館員のための情報リテラシー講座）『図書館雑誌』Vol.99, No.6, 2005.6, p.378-379.

◆酒井由紀子「慶應義塾大学信濃町メディアセンターにおける情報リテラシー教育事例」（特集　情報リテラシー・サービス）『医学図書館』Vol.52, No.1, 2005.3, p.42-48.

◆柴尾晋「『教育の場』としての図書館の積極的活用：図書館の持つ『教育力』を教育に活かす明治大学図書館の取り組みについて」(特集　大学図書館)『LISN』No.137, 2008.9, p.6-9.
【内容】利用環境の整備だけでなく「教育の場」としての視点から図書館の役割を考え，実践している多元的な教育活動の概要を報告している。また，アンケートの実施などによる教育効果の測定や評価の方法・課題についても述べている。

◆柴尾晋「特色 GP『「教育の場」としての図書館の積極的活用』の取り組み」(特集　図書館利用教育)『短期大学図書館研究』No.28, 2009.3, p.17-22.

◆菅原透，佐藤初美，米澤誠「情報探索マニュアル作成を軸とした情報リテラシー教育の展開とオープンソースの試み」(特集　情報リテラシー・サービス)『医学図書館』Vol.52, No.1, 2005.3, p.25-30.
【内容】情報探索マニュアル『東北大学生のための情報探索の基礎知識』の継続作成について，企画・検討から執筆・編集に至るまでを報告しており，オープンソースの提供による他大学への支援についても触れている。また，全学教育科目授業「図書館を活用した情報探索術・レポート作成術」の授業内容や授業実施上の工夫などが具体的に紹介されている。

◆杉田いづみ，木下聡「三重大学附属図書館における情報リテラシー教育支援：学部初期の『授業と連携した』講習会を中心に（事例報告）」(特集　平成 16 年度日本薬学図書館協議会研究集会　テーマ「医療情報スペシャリストとし

てスキルアップ」)『薬学図書館』Vol.50, No.1, 2005, p.27-35.
【内容】三重大学附属図書館で大学の戦略を受けて実践している「教育支援」としての情報リテラシー教育の概要を報告し，教育支援の内容と評価について，学生・教員のアンケート結果から考察している。また，情報リテラシーが大学図書館の「コア・コンピタンス」であるという位置づけについて確認し，情報リテラシー教育支援の今後についても考察している。

◆鈴木宏子，武内八重子，中村澄子「図書館による学習支援と教員との連携：千葉大学におけるパスファインダー作成の実践から」『大学図書館研究』No.83, 2008.8, p.19-24.
【内容】千葉大学附属図書館で展開している教育・研究活動を支援する新しい図書館サービス（リエゾン・ライブラリアンシップ）の概要と，具体的な試みとして教員と連携して作成したパスファインダーについての企画作成，評価，改善等について報告している。

◆諏訪敏幸「情報リテラシー教育はレファレンス・ワークをどのようにその一構成部分とするか：看護系院生・学生等を対象とした大阪大学生命科学図書館の経験から」『大学図書館研究』No.78, 2006.12, p.65-75.

◆諏訪部直子「臨床医学論文執筆に必要な情報リテラシー」（特集　情報リテラシー・サービス）『医学図書館』Vol.52, No.1, 2005.3, p.53-58.

◆諏訪部直子「医学図書館による正規カリキュラムでの情報検索教育の経験（事例報告）」『医学図書館』Vol.53, No.2, 2006.6, p.143-148.
【内容】医学部の正規必修科目「医療科学」の中で図書館

が行っている利用者教育について，その実際と授業後の反省点を中心に述べられている。授業は，12コマ中10コマを図書館員が担当している。

◆高田淳子「図書館員の情報リテラシー向上のために：ITを活用した『情報発信』と情報リテラシー支援サービスのこれから」(特集　図書館員のための情報リテラシー講座)『図書館雑誌』Vol.99, No.6, 2005.6, p.380-381.

◆高野聡，山口雄三「看護学科の学生にたいする文献検索オリエンテーションの評価：アンケート調査によるアウトカム評価と多変量解析による検討」『看護と情報』Vol.15, 2008.3, p.74-81.

【内容】文献検索オリエンテーションの内容と，その具体的成果および有効度の関係について多変量解析の手法を用いて分析している。主な質問7項目の回答をもとに，有効度（従属変数）と成果（独立変数）のすべての重回帰分析の結果から，特に「医学中央雑誌の検索方法」の有効度が大きかったようだ。また，オリエンテーションに参加した学生は参加しなかった学生よりも効率的な文献検索を行っていると結論している。

◆天明二郎「横浜市立大学医学情報センターにおける利用者教育：ガイダンスを中心に」(特集　情報リテラシー・サービス)『医学図書館』Vol.52, No.1, 2005.3, p.49-52.

◆中尾民子「近畿大学中央図書館における利用者サービスと図書館利用ガイダンス」(特集　情報リテラシー・サービス)『医学図書館』Vol.52, No.1, 2005.3, p.31-35.

◆永島久永「指導法実演　文献検索ガイダンス」(特集　図書館利用教育)『短期大学図書館研究』No.28, 2009.3, p.7-15.

◆仁上幸治「大学図書館員のためのオリエンテーション技法：印象づけを重視した構成・演出の改善の試み」（特集　情報リテラシー・サービス）『医学図書館』Vol.52, No.1, 2005.3, p.15-24.

【内容】図書館オリエンテーションはほとんどすべての大学図書館で実施され，一定レベルに到達した館も多いが，対象者の拡大と内容の高度化という課題は依然として残っている。ここでは，プレゼンテーションの重要性に着目し，新入生オリエンテーションの事例をもとに，教育的効果を高めるための具体的な改善のヒントを紹介している。

◆仁上幸治「電子パスファインダーをどう作るか：情報探索支援ツールの企画から公開まで」『短期大学図書館研究』No.25, 2005.3, p.59-70.

◆仁上幸治「オリエンはエンタメだ！：素敵な印象を伝えるプレゼンテーションを」（特集　オリエンテーション）『学図研ニュース』No.229, 2005.3.1, p.2-5.

◆仁上幸治「学術情報リテラシー教育における広報イメージ戦略：司書職の専門性をどう訴求するか」（特集　図書館の発信情報は効果的に伝わっているか？）『情報の科学と技術』Vol.55, No.7, 2005.7, p.310-317.

◆仁上幸治「『図書館の達人』から『情報の達人』へ：利用者教育映像教材の進化15年の集大成」『図書館雑誌』Vol.101, No.4, 2007.4, p.238-239.

◆仁上幸治「もっと明るく楽しいメディアリテラシー教育を」『学図研ニュース』No.277, 2009.3, p.11-15.

◆日本図書館協会図書館利用教育委員会「わが国大学図書館における利用教育の実態：『日本の図書館2003』付帯調査

の結果報告」『現代の図書館』Vol.46, No.1, 2008.3, p.62-75.
【内容】「日本の図書館2003」の付帯調査として実施した「大学図書館における利用教育の実態調査」の結果報告である。回答率は89.8％。オリエンテーション，講習会，学科関連指導，実施態勢等の全体的な傾向についておおむね把握することができる。

◆橋本春美「東京女子大学図書館における学生支援GP事業の展開：マイライフ・マイライブラリー：学生の社会的成長を支援する滞在型図書館プログラム」（特集　大学図書館と利用教育）『図書館雑誌』Vol.102, No.11, 2008.11, p.774-777.

◆松本直子，佐藤晋巨「聖路加看護大学図書館における利用教育サービス：5年の評価」『看護と情報』Vol.15, 2008.3, p.54-59.
【内容】2002年に図書館の利用教育サービスを「図書館利用教育ガイドライン」に基づいて評価を行ったが，5年を経過した現状の評価を行い，前回の評価との比較や達成された点，解決すべき課題を述べている。上記ガイドラインの10項目32手順のうち，前回より大幅に未実施の部分が改善されたことを挙げ，特に前回ポイントが低かった項目の目標設定を意識的に行うなどの試みがなされている。身につけるべき情報リテラシーを「学習者」「実践者」「研究者」の3段階に分け，学習段階に応じて利用者がスキルを身につけられるプログラムを提示している。

◆三根慎二，寺井仁「パスファインダー協同作成支援システムへの取り組み」（特集　大学図書館と利用教育）『図書館雑誌』Vol.102, No.11, 2008.11, p.766-769.

【内容】名古屋大学附属図書館と同附属図書館研究開発室が取り組んでいる「パスファインダー共同作成支援システム」について報告している。現状のパスファインダーの概要と作成上の問題点を挙げ，その改善を目的として開発を進めている「共同作成支援システム」は，図書館職員・教員・大学院生 TA の三者が共同で作成・評価している点に大きな特徴があり，これまでの図書館中心のパスファインダーからより利用者中心のものを目指していると述べている。

◆【図書】毛利和弘『文献調査法：調査・レポート・論文作成必携:情報リテラシー読本』第 3 版,日本図書館協会（発売），2008.7, 235p.

◆毛利和弘「情報リテラシー教育の実践事例と指導上の留意点（情報検索指導を主に）」（特集　図書館利用教育）『短期大学図書館研究』No.28, 2009.3, p.37-43.

【内容】亜細亜大学・短期大学図書館の学部学科関連指導，図書館主催の利用指導などの実践事例を報告している。また，図書館で用意している四つのレベル別プログラムのステップごとの内容の詳細と，レポート・論文作成法における指導上の留意点や検索デモにおけるノイズ消去法やキーワード検索の落とし穴などの検索技術を指導する際の留意点などを具体的に述べている。

◆森嶋邦彦「文章表現指導の実際と図書館」（特集　図書館利用教育）『短期大学図書館研究』No.28, 2009.3, p.33-36.

◆【図書】山形県鶴岡市立朝暘第一小学校編『図書館へ行こう！：図書館クイズ：知識と情報の宝庫＝図書館活用術』国土社，2007.3, 82p.

◆山岸裕朋「レファレンス・データベース構築の手法」(特集 図書館員のための情報リテラシー講座)『図書館雑誌』Vol.99, No.6, 2005.6, p.382-384.

◆米澤誠「ウェブ主流時代における情報リテラシー教育再構築の試み」『薬学図書館』Vol.51, No.3, 2006.6, p.193-197.

【内容】理工系大学図書館の利用者教育について,教員との連携にもとづく"学習を意識した"講習会の活動について報告している。特にウェブ主流時代の情報利用者の行動調査から,図書館側でも情報リテラシー教育を再構築する必要性を論じている。

◆米澤誠「レポート作成を起点とした情報リテラシー教育の試み」(特集 第13回医学図書館研究会・継続教育コース)『医学図書館』Vol.54, No.2, 2007.6, p.160-165.

【内容】よいレポートの作成という学生が目標とする到達点を先に示し,その目標の実現方法として適切な情報評価と探索手順を説明する手法でこれまで行っていた講習会を再編成・改善した実践を報告している。また,大学教育のなかに情報リテラシー教育を位置づける授業事例の動向から,今後の情報リテラシー教育の方向性を示している。

◆和田佳代子「看護職への支援:情報の信頼性と評価をふまえて」『ほすぴたるらいぶらりあん』Vol.33, No.3, 2008.9, p.178-184.

【内容】臨床現場の看護職に,評価の高い信頼性のある情報を提供するにはどうすればよいかを述べている。①ハンディーな文献検索用パンフレットの作成,パスファインダーの薦め,②利用者教育のやり方,ガイダンスのポイント,③図書館の広報活動の仕方などを中心に,特に利用者教育

のノウハウに重点をおいて詳しく述べている。また，図書館員側の課題として自分自身の情報評価能力と情報リテラシー能力の育成を挙げている。さらに利用者のニーズを聞き出す能力の重要性に関しても言及している。

◆和知剛「ソーシャルブックマーク（SBM）の機能を応用したパスファインダーの作成：webでの展開に適したパスファインダー作成の試み」（特集　図書館利用教育）『短期大学図書館研究』No.28, 2009.3, p.1-5.

（赤瀬美穂）

11章 図書館利用教育実践セミナーの概要

・以下は第1回から第13回までの「図書館利用教育実践セミナー」(第1〜5回の名称は「フライデーナイトセミナー」)の記録です。このセミナーは,日本図書館協会図書館利用教育委員会が企画・運営しているものです(主催は日本図書館協会)。(セミナーの記録はホームページ(http://www.jla.or.jp/cue)にも掲載しています。)
・開催場所は,特に記していない場合はすべて日本図書館協会2階研修室です。
・講師の所属は,セミナー開催時のものです。

第1回 2004年2月20日(金)19時〜21時
「図書館員のための指導サービス実践講座 パート2-プレゼンテーションの実演と討論」
講師:有吉末充(神奈川県立神奈川工業高等学校図書館),仁上幸治(早稲田大学図書館),和田佳代子(昭和大学)

第2回 2004年5月28日(金)19時〜21時
「図書館員のための指導サービス実践講座-講習会「超」必勝法」
講師:毛利和弘(亜細亜大学図書館),木下みゆき(大阪府立女性総合センター情報ライブラリー)

第3回 2004年10月15日（金）19時〜21時
「図書館利用教育の組織をどう作るか」
講師：毛利和弘（亜細亜大学図書館），赤瀬美穂（京都産業大学図書館）

第4回 2005年3月11日（金）19時〜21時
「情報リテラシーをめぐる最近の動向－図書館と指導サービスの理論的基盤」
講師：野末俊比古（青山学院大学）

第5回 2005年5月27日（金）19時〜21時
「情報検索指導における良い例題・悪い例題－素材を集め問題を作り要点を説明する方法」
講師：仁上幸治（早稲田大学図書館）

　13の提案項目を提示し，具体的に説明した。最初に，早稲田大学における図書館オリエンテーションの事例とJLAセミナーにおける事例を取り上げ，導入部における映像の効果的な活用例を説明した。提案1は「映像・画像を活用する」であった。特に「イントロに映像・画像を」ということである。提案2は「視線のコントロール」。図書館員は慣れているボタンでも利用者にはわからないということである。第3は「解けない例題の活用」，第4は「教科書の例題を作り直す」，第5は「電子情報源の便利さ訴求」，第6は「ポータルサイトを教えよう」，第7は「使いにくさを逆手にとって使いやすい例を対比的に見せる」，第8は「浅い問題を深く味わう解説を」，第9は「身近な意外性のある問題に作り直す」，第10は「自分の好きなテーマで例題を作る」，第11は「オリ

エンテーションと講習会を変える」，第12は「ソースアプローチからプロセスアプローチに変える」，第13は「プレゼンテーションを改善する」であった。いずれも具体例つきの説明でわかりやすく，多角的な見地から提案されていて，図書館員が明日からでも活用できる内容であり，さらに仁上講師のプレゼンテーション技法も含めて，全体として，応用可能で実践的なものであった。

第6回 2006年3月18日（土）10時～12時 キャンパスプラザ京都
「情報検索指導における良い例題・悪い例題（初級編）－素材を集め問題を作り要点を説明する方法」
講師：仁上幸治（早稲田大学図書館）

　前回（第5回）の内容をもとに，大幅に改訂した内容で行われた。図書館の利用者のための講習会や大学の授業の中で，情報検索に関する基礎知識を利用者に理解してもらうための例題事例を紹介し，良い点，悪い点をビジュアルに説明しながら，前回と同様の13の提案を示し，例題は聞く人の気持ちで作ることが大切であることを強調した。要点としては，①専門知識の噛み砕き力，②わかりやすい説明の技法，③文字と画像の表現力，④ビジュアル表現のセンス，⑤初心者の内面への想像力などが求められると指摘している。最後に今後の展望として，ホームページやメーリングリストを活用した例題モニターネットワークと例題バンク（データベース）の立ち上げを提案した。

第7回 2006年6月23日（金）19時〜21時
「図書館利用教育の自己点検・評価の方法－大学図書館の新入生オリエンテーションを事例に」
講師：石川敬史（工学院大学図書館）

　大学図書館における新入生オリエンテーションは，毎年同じ内容や方法で実施されがちであるが，その説明内容を中心に，評価・点検する項目を紹介し，数量的調査では表面化しない図書館員個々のオリジナリティーに富んだ実践に向けた新入生オリエンテーションを設計する観点を説明した。具体的には，①新入生オリエンテーションの現状，②説明内容のチェック項目，③新入生オリエンテーションの実演（3種類），④創造のヒントとなるシナリオの類型，⑤他館における自己点検・評価の事例と課題，⑥現代大学生の傾向と大学生活システムとのかかわり，の6項目である。

第8回 2006年10月13日（金）19時〜21時
「インターネット活用講座から公共図書館の利用教育を考える」
講師：齊藤誠一（千葉経済大学短期大学部）

　公共図書館のレファレンス活動から（齊藤講師は，東京都・立川市図書館勤務の経験がある），インターネットを活用した利用教育の必要性を感じたという動機を最初に語り，本題では，「インターネット上の情報活用講座」の中で紹介されたサイト例を取り上げた。①サイトの紹介方法，②情報に対する評価方法，③検索エンジンの賢い使い方など，実際のレファレンス実践体験やエピソードなどを織り交ぜながらの講演は，大変わかりやすい内容であった。サイト紹介は，初級レベルと中級レベルのそれぞれを，混在させた形で説明した。事実

調査に近い事例紹介が多く，参加者には，即時に手本となる内容であったと思われる。

第9回 2007年3月10日（土）9時30分～12時40分
キャンパスプラザ京都
「情報リテラシー教育をめぐる最近の論点－国内外の事例から実践のヒントを探る」
講演1「情報リテラシー教育をめぐる研究・政策・実践の動向－『指導サービス』レベルアップのための企画・運営を考える」
講師：野末俊比古（青山学院大学）

　情報リテラシー教育の今日的意義や情報教育の現状，さらにこれらに対して図書館がどのようにかかわってきたかを，豊富な資料をもとにして講じた。
講演2「大学図書館が実践する情報リテラシー教育と図書館員に求められる専門的能力－米国の事例を中心に」
講師：長澤多代（長崎大学）

　米国のアーラム・カレッジの図書館が実施する学習・教育支援の現状，情報リテラシー教育を担当する図書館員に求められる専門能力について講じた。

第10回 2007年7月13日（金） 19時～21時
「情報を批判的に読み解くには－司書に求められる情報評価能力を考える」
講師：有吉末充（京都学園大学）

　最初に『図書館利用教育ガイドライン』（日本図書館協会図書館利用教育委員会編）の概要を紹介した。そして，本題では，

テレビ，インターネット情報源，サブカルチャー，芸術作品，新聞，書籍等の各種メディアの批判的な検討を行い，司書が備えるべき情報評価能力を明示した。メディアの批判的検討では，事実と意見を区別する習慣が必要であるとした。情報評価能力としては，スキル，批判力，コミュニケーション，コラボレーションを挙げた。このうち，批判力に関しては，「なんでやねん」「ほんまかいな」といった「つっこみ力」をまず身につけることを提案した。

第11回　2008年3月10日（土）9時30分～12時40分
キャンパスプラザ京都
「指導サービスの次のステージへ」
基調講演「『力』とするための工夫－教員からのヒント」
講師：丸本郁子（大阪女学院短期大学名誉教授）

　講師の大阪女学院短期大学における，長年にわたる実践を踏まえた，「力」とするための要素と仕掛けなど，図書館員と教員の双方の課題と解決法を浮き彫りにする講演であった。
実践講座1「情報の批判的読解をどう教えるか－司書に求められる情報批判力」
講師：有吉末充（京都学園大学）

　図書館の情報リテラシー指導が文献探索法にとどまっているという問題を提起し，さらに進んで，利用教育に情報評価を取り入れる必要性などを指摘した内容であった。
実践講座2「利用者はなぜ論文検索ができないのか－躓かせないための4つの指導ポイント」
講師：仁上幸治（早稲田大学図書館）

　事例をふんだんに取り入れた利用者プロファイルへの転換

を強調した。指導のポイントは，便利さを実感させること，利用者の動機や課題を重視すること，システムを疑うことであることなどを講じた。

第12回　2008年7月13日（金）19時～21時
「市民のための情報リテラシー講座開催の運営－健康・医療情報の提供を事例として」
講演1「市民向け情報リテラシー講座開催の運営ノウハウ」
講師：青木玲子（埼玉県男女共同参画推進センター）
　講師の埼玉県男女共同参画推進センターにおける取り組みをもとに，市民向けの情報リテラシー講座の企画・運営ノウハウを実践例として提示した。
講演2（事例発表）「医療情報検索セミナーを行う時のポイント」
講師：和田佳代子（昭和大学）
　一般市民に対して医学情報検索セミナーを行う際のポイント，自分自身や身近な人が病気になったときの健康・医療情報の探し方について，具体的に詳細な解説を行った。

第13回　2009年3月14日（土）9時30分～13時　キャンパスプラザ京都
「図書館員のメディア活用力を問う－アニメ世代にどう教えるか」
問題提起「教える側の表現力は大丈夫か－広報と教材の質を上げるには」
コーディネーター：仁上幸治（早稲田大学図書館）
　最初に動画など映像・画像の力を事例により強調した後，

問題提起があり，利用者の実像，図書館の各種資料，図書館員のプロのワザ，能力開発の展望，研修のあり方，司書課程の課題，などを講じた後に，利用教育の展望でまとめた。

講演1「若者とアニメの特別な関係－アニメのリテラシーから学ぶ」

講師：有吉末充（京都学園大学）

　はじめに，なぜ今，アニメのリテラシーなのかを講じた後，アニメとは何かをわかりやすく説明した。そして，アニメの歴史を講師制作の「アニメーション映画発達史」という図表をもとに詳細に見た。さらに，日本のテレビアニメの特徴の説明があった。最後に，アニメリテラシーについての具体的でわかりやすい講義がなされた。

講演2「高校から大学へ情報リテラシー教育をつなぐ－『図書館戦争』をメディア解読の教材に変える」

講師：天野由貴（椙山女学園高・中図書館）

　最近話題の『図書館戦争』のアニメ化の図書館への影響を具体的に説明した後，椙山女学園高・中図書館の紹介があった。本題では，「総合的な学習の時間」の第1時限目で行っている「図書館メディア・オリエンテーション」を教材も含めて具体的に紹介した。課題として，教科「情報」では教えない情報リテラシー教育，学校間で不平等になっている情報教育の現状，探求学習へ向かえるのか，学習指導要領の改訂などを挙げた。最後に高校から大学へ，多様な情報リテラシー教育の背景を持つ生徒への教育を円滑につなぐことができるのかという問題提起があった。

（戸田光昭）

おわりに

　本書の編集を担当した日本図書館協会（JLA）図書館利用教育委員会は設立から 20 周年を迎えました。この間，図書館利用教育をめぐる状況は大きく変化し，今では情報リテラシー教育という位置づけのもと，利用教育は図書館にとって重要なサービスとみなされるまでになりました。

　委員会では，教材の開発，実態調査の実施，ガイドラインの作成などを進めるとともに，全国図書館大会で分科会を企画・運営し，利用教育の普及・啓発に努めてきました。やがて他の分科会でも利用教育がテーマとして取り上げられるようになりました。

　そこで，分科会の企画・運営は 2002 年を最後とし，委員会では，普及・啓発の次の段階の取り組みに移りました。図書館利用教育実践セミナー（第 5 回まではフライデーナイトセミナー）や図書館総合展でのフォーラムを企画・運営し（主催は JLA），利用教育の具体的・実際的な方法・課題などについて学ぶ機会を提供してきました。現在では，利用教育をテーマとした図書館員向けの研修などが各地・各館種で行われるようになっています。

　こうした喜ばしい状況を踏まえ，委員会では現在，さらに次の段階へと進むべく，新たな展開を構想中です。これまでご支援いただいた皆様に感謝申し上げるとともに、さらなるご指導、ご協力をお願いする次第です。

　なお，JLA 図書館利用教育委員会のこれまでの活動成果や今後の計画などについては，ホームページに掲載しています。ぜひご覧ください。　　委員会ホームページ：http://www.jla.or.jp/cue/

索引

* 本文中の事項を五十音順に配列しました。
* セミナーの記録という本書の性格を考慮し，索引語は選択的に採録しています。
* 図表などや「はじめに」「1章」「10章」「11章」「おわりに」は対象としていません。

【あ行】

アメリカ学校図書館員協会 ………… 49
生きる力 ……………………… 19,61,70
一致検索 …………………………… 99
医療情報ニーズ …………………… 128
医療情報リテラシー …… 128-129,139,145
インストラクショナルデザイン ………… 20
インターネット ……… 14,19,27,29-40,44,52,63,81,86,88,94-95,131-132,139
「インターネット情報へのアクセス指南」
 ……………………………… 29-40
インフォームドコンセント ……… 128,137
英語省略名 …………………… 93
教える好機 …………… 114,116-117
オリエンテーション ……15,53, 65 68,101

【か行】

学習支援 ……………… 109-117,125

課題設定能力 ………………… 61
課題探求型（学習・課題）…109,123
学科関連指導（科目関連指導）… 18,76,109,115-116
学科統合指導 ……………………… 18
教育支援 …………… 109-110,117-125
「高等教育のための情報リテラシー能力基準」（アメリカ）……………… 17
「こころとからだの文庫」……… 132-133
コーディネート能力 …………… 134,145
コミュニケーション能力 ……………… 57
コラボレーション能力 ……………… 57

【さ行】

調べ学習 ……………………… 62,66
情報活用能力 …………………… 19,61
情報整理法（指導）………………… 50
情報探索法（指導）………………… 49
情報ニーズ（ニーズ）……… 130-131,

135,137,144-145
「情報は力」…………………………129
初年次セミナー ………………… 109-115
知る権利………………………………… 64
新入生ガイダンス……………………73-75
新任教員ガイダンス(オリエンテーション)
………………………………… 118-121
信頼性（インターネットの）…… 30-31,45
ソースアプローチ ………………… 90,101

【た行】
大学・研究図書館協会（アメリカ）
…………………………………………17
地域資源……………………………134,145
チュートリアル……………………… 17-18
ツアー（図書館ツアー）………… 73,113
つっこみ………………………………… 58
闘病記文庫 ……………………………129
『図書館戦争』……………………… 61-63
「図書館メディア・オリエンテーション」
……………………………… 53,65-68
『図書館利用教育ガイドライン』
………………………… 17,48-50,102
『図書館利用教育ハンドブック』
………………………………… 89,102

【な行】
日本図書館協会 …………………………17

ノイズ…………………………………… 78

【は行】
バイアス ………………………………47-52
パスファインダー…… 18,54,116,121-124,
142
PDCA サイクル ……………… 20,119-120
批判的読解（クリティカルリーディング）
………………………… 42,48,49,56-58
批判的リテラシー…………… 42,48,54-58
評価（情報の）…………………………48-56
ファカルティディベロップメント（FD）
………………………… 118-123,125-126
プライバシー ………………… 39,135,143
フレーズ検索 …………………………99-100
プロセスアプローチ ……………… 90,101
文献探索法（検索法・調査法）
………………………………71,77,83
「文献調査法セミナー」………… 85-87
翻訳図書………………………………… 95

【ま・や・ら・わ行】
「三つのＣ」……………………………… 57
「三つの『つ』」………………………57-58
「4つの力」………………………………111
「『4つの力』スタートアップセミナー」
………………………………… 111-114
らせん型指導 ……………………………18

178

利用指導（正規授業における）
　………………………… 72,74-75
利用指導（ゼミ単位の）……… 72,75-76
連想検索……………………………… 99

※本書に登場するURLのうち，確認（閲覧・取得）の日付が付記されていないものについては，2010年3月11日に最終確認を行いました。

■執筆者一覧（五十音順）

青木　玲子（日本図書館協会図書館利用教育委員会委員）　9章
赤瀬　美穂（同委員会委員）　10章
天野　由貴（同委員会委員）　5章
有吉　末充（同委員会委員）　4章
齊藤　誠一（千葉経済大学短期大学部）　3章
戸田　光昭（同委員会委員）　11章
長澤　多代（三重大学高等教育創造開発センター）　8章
仁上　幸治（帝京大学総合教育センター，同委員会元委員）　7章
野末俊比古（同委員会委員）　2章
丸本　郁子（大阪女学院短期大学名誉教授，同委員会元委員）　1章
毛利　和弘（亜細亜大学図書館，同委員会元委員）　6章
和田佳代子（同委員会委員）　9章

日本図書館協会図書館利用教育委員会委員名簿（五十音順）

青木　玲子（和光大学）○
赤瀬　美穂（京都産業大学図書館）○
天野　由貴（椙山女学園高・中図書館）
有吉　末充（京都学園大学人間文化学部）
石川　敬史（工学院大学図書館）
戸田　光昭（駿河台大学名誉教授）
野末俊比古（青山学院大学教育人間科学部）＊○
春田　和男（東京家政大学人文学部）
福田　博同（跡見学園女子大学文学部）
和田佳代子（昭和大学歯科医学教育推進室）◎
事務局　久保木いづみ（日本図書館協会事務局）
　　＊委員長　○本書編集担当（◎座長）

（2010年2月現在）

視覚障害者その他活字のままではこの本を利用できない人のために，日本図書館協会及び著者に届け出る事を条件に音声訳（録音図書）及び拡大写本，電子図書（パソコンなど利用して読む図書）の製作を認めます。但し，営利を目的とする場合は除きます。

EYE LOVE EYE

◆JLA図書館実践シリーズ　14
情報リテラシー教育の実践
すべての図書館で利用教育を

2010年3月30日　　初版第1刷発行 ©
2022年9月30日　　初版第4刷発行

定価：本体1800円（税別）

編　者：日本図書館協会図書館利用教育委員会
発行者：公益社団法人　日本図書館協会
　　　　〒104-0033　東京都中央区新川1-11-14
　　　　Tel 03-3523-0811（代）　Fax 03-3523-0841
デザイン：笠井亞子
印刷所：アベイズム㈱　　Printed in Japan
JLA202213　　ISBN978-4-8204-0925-0
本文の用紙は中性紙を使用しています。

JLA 図書館実践シリーズ 刊行にあたって

　日本図書館協会出版委員会が「図書館員選書」を企画して20年あまりが経過した。図書館学研究の入門と図書館現場での実践の手引きとして，図書館関係者の座右の書を目指して刊行されてきた。

　しかし，新世紀を迎え数年を経た現在，本格的な情報化社会の到来をはじめとして，大きく社会が変化するとともに，図書館に求められるサービスも新たな展開を必要としている。市民の求める新たな要求に対応していくために，従来の枠に納まらない新たな理論構築と，先進的な図書館の実践成果を踏まえた，利用者と図書館員のための出版物が待たれている。

　そこで，新シリーズとして，「JLA図書館実践シリーズ」をスタートさせることとなった。図書館の発展と変化する時代に即応しつつ，図書館をより一層市民のものとしていくためのシリーズ企画であり，図書館にかかわり意欲的に研究，実践を積み重ねている人々の力が出版事業に生かされることを望みたい。

　また，新世紀の図書館学への導入の書として，一般利用者の図書館利用に資する書として，図書館員の仕事の創意や疑問に答えうる書として，図書館にかかわる内外の人々に支持されていくことを切望するものである。

2004 年 7 月 20 日
日本図書館協会出版委員会
委員長　松島　茂

図書館員と図書館を知りたい人たちのための新シリーズ！
JLA 図書館実践シリーズ　既刊40冊，好評発売中

（価格は本体価格）

1. **実践型レファレンス・サービス入門**　補訂2版
   斎藤文男・藤村せつ子著／203p／1800円

2. **多文化サービス入門**
   日本図書館協会多文化サービス研究委員会編／198p／1800円

3. **図書館のための個人情報保護ガイドブック**
   藤倉恵一著／149p／1600円

4. **公共図書館サービス・運動の歴史 1**　そのルーツから戦後にかけて
   小川徹ほか著／266p／2100円

5. **公共図書館サービス・運動の歴史 2**　戦後の出発から現代まで
   小川徹ほか著／275p／2000円

6. **公共図書館員のための消費者健康情報提供ガイド**
   ケニヨン・カシーニ著／野添篤毅監訳／262p／2000円

7. **インターネットで文献探索**　2022年版
   伊藤民雄著／207p／1800円

8. **図書館を育てた人々**　イギリス篇
   藤野幸雄・藤野寛之著／304p／2000円

9. **公共図書館の自己評価入門**
   神奈川県図書館協会図書館評価特別委員会編／152p／1600円

10. **図書館長の仕事**　「本のある広場」をつくった図書館長の実践記
    ちばおさむ著／172p／1900円

11. **手づくり紙芝居講座**
    ときわひろみ著／194p／1900円

12. **図書館と法**　図書館の諸問題への法的アプローチ　改訂版増補
    鑓水三千男著／354p／2000円

13. **よい図書館施設をつくる**
    植松貞夫ほか著／125p／1800円

14. **情報リテラシー教育の実践**　すべての図書館で利用教育を
    日本図書館協会図書館利用教育委員会編／180p／1800円

15. **図書館の歩む道**　ランガナタン博士の五法則に学ぶ
    竹内悊解説／295p／2000円

16. **図書分類からながめる本の世界**
    近江哲史著／201p／1800円

17. **闘病記文庫入門**　医療情報資源としての闘病記の提供方法
    石井保志著／212p／1800円

18. **児童図書館サービス 1**　運営・サービス論
    日本図書館協会児童青少年委員会児童図書館サービス編集委員会編／310p／1900円

19. **児童図書館サービス 2**　児童資料・資料組織論
    日本図書館協会児童青少年委員会児童図書館サービス編集委員会編／322p／1900円

20. **「図書館学の五法則」をめぐる188の視点**　『図書館の歩む道』読書会から
    竹内悊編／160p／1700円

図書館員と図書館を知りたい人たちのための新シリーズ!
JLA 図書館実践シリーズ 既刊40冊，好評発売中

21. 新着雑誌記事速報から始めてみよう RSS・APIを活用した図書館サービス
牧野雄二・川嶋斉著／161p／1600円

22. 図書館員のためのプログラミング講座
山本哲也著／160p／1600円

23. RDA入門 目録規則の新たな展開
上田修一・蟹瀬智弘著／205p／1800円

24. 図書館史の書き方，学び方 図書館の現在と明日を考えるために
奥泉和久著／246p／1900円

25. 図書館多読への招待
酒井邦秀・西澤一編著／186p／1600円

26. 障害者サービスと著作権法 第2版
日本図書館協会障害者サービス委員会, 著作権委員会編／151p／1600円

27. 図書館資料としてのマイクロフィルム入門
小島浩之編／180p／1700円

28. 法情報の調べ方入門 法の森のみちしるべ 第2版
ロー・ライブラリアン研究会編／221p／1800円

29. 東松島市図書館 3.11からの復興 東日本大震災と向き合う
加藤孔敬著／270p／1800円

30. 「図書館のめざすもの」を語る
第101回全国図書館大会第14分科会運営委員編／151p／1500円

31. 学校図書館の教育力を活かす 学校を変える可能性
塩見昇著／178p／1600円

32. NDCの手引き 「日本十進分類法」新訂10版入門
小林康隆編著，日本図書館協会分類委員会監修／207p／1600円

33. サインはもっと自由につくる 人と棚とをつなげるツール
中川卓美著／177p／1600円

34. 〈本の世界〉の見せ方 明定流コレクション形成論
明定義人著／142p／1500円

35. はじめての電子ジャーナル管理
保坂睦著／241p／1800円

36. パッと見てピン! 動作観察で利用者支援 理学療法士による20の提案
結城俊也著／183p／1700円

37. 図書館利用に障害のある人々へのサービス 上巻 利用者・資料・サービス編 補訂版
日本図書館協会障害者サービス委員会編／304p／1800円

38. 図書館利用に障害のある人々へのサービス 下巻 先進事例・制度・法規編 補訂版
日本図書館協会障害者サービス委員会編／320p／1800円

39. 図書館とゲーム イベントから収集へ
井上奈智・高倉暁大・日向良和著／170p／1600円

40. 図書館多読のすすめかた
西澤一・米澤久美子・粟野真紀子編著／198p／1700円